Mit Volldampf durch
die weiße Pracht

Jahreszeitenzug

Frühlingszug in Erwachen,
Fahrt durch knospengrünes Land,
Morgentau auf träumenden Feldern,
über allem schwebt ganz zart
ein erwartungsfrohes, blaues Himmelsband.

Sommerzug im Erfahren,
Reise durch heißflimmernde Luft,
buntes frohes Treiben, volles Leben
in den Gassen, in den Straßen,
süßer schwerer fast betäubender Duft.

Herbstzug im Erntedank,
windschnelle Jagd im bunten Blätterreigen,
Bilder werden eingesammelt
bei der Fahrt entlang der Bahn,
bald wird sich das Ziel der Reise zeigen.

Winterzug im Bewerten,
leises Rollen, schneeverwirbelte Nacht,
leerer ist der Zug geworden,
im Erinnern die Stationen,
an mancher wurde geweint, an anderer gelacht.

Henry Meseck

Mit *Volldampf* durch die *weiße* Pracht

Wintergeschichten für **Eisenbahnromantiker**

benno

Bibliografische Information der Deutschen Nationalbibliothek
Die Deutsche Nationalbibliothek verzeichnet diese Publikation in der Deutschen
Nationalbibliografie; detaillierte bibliografische Daten sind im Internet über
http://dnb.d-nb.de abrufbar.

Besuchen Sie uns im Internet:
www.st-benno.de

Gern informieren wir Sie unverbindlich und aktuell auch in unserem Newsletter
zum Verlagsprogramm, zu Neuerscheinungen und Aktionen.
Einfach anmelden unter www.st-benno.de.

ISBN 978-3-7462-5955-0

© St. Benno Verlag GmbH, Leipzig
zusammengestellt von: Volker Bauch, Gößnitz
Umschlaggestaltung: Rungwerth Design, Düsseldorf
Covermotiv: © Dirk Bahnsen
Gesamtherstellung: Kontext, Dresden (A)

Inhaltsverzeichnis

Einfahrt

Henry Meseck: Jahreszeitenzug 2

1. Kapitel: Der romantische „Fensterplatzblick"

Joachim Ringelnatz: Schnee 10

Georg Heym: Die Züge 12

Marie von Ebner-Eschenbach: Die Reisegefährten 14

Sarah Kirsch: Am liebsten fahre ich Eisenbahn 19

Egon Erwin Kisch: Russland in der Eisenbahn 22

Klabund: Ich fahr durch Schnee und weiße Nacht 40

Peter Biqué: Einmal mit der Dampfbahn fahren 41

2. Kapitel: Auch Lokomotiven haben sich einen Weihnachtsbaum verdient

Bruno Radowski: Es ging auf Weihnachten zu 46

Rainer Maria Rilke: Weihnachten hat so
eine Unaufhaltsamkeit 58

Peter Bichsel: Am Anfang war das Wort 60

Stefan Grabiński: Der irre Zug 64

Ivan Gantschev: Der Weihnachtszug 74

Theodor Fontane: Hubert in Hof 78

3. Kapitel: Mit der Hand am Regler durch den tiefen Schnee

Yasunari Kawabata: Schneeland   84

Max Maria von Weber: Eine Winternacht auf
    der Lokomotive   96

Anni und Klaus Richter: Bergan ins Vogtland   108

Jack London: Abenteurer des Schienenstrangs   112

Abfahrt

Autor unbekannt: Fahrt ins neue Jahr   119

Ludwig Rotthowe: Winterabenteuer Bahnbus   125

Textnachweis   127

1. Der romantische „Fensterplatzblick"

Schnee

Zwischen den Bahngeleisen
vertränt sich morgenroter Schnee. —
Artisten müssen reisen
ins Gebirge und an die See,
nach Leipzig — und immer wieder fort, fort.
Nicht aus Vergnügen und nicht zum Sport.
manchmal tut's weh.

Der ich zu Hause bei meiner Frau
so gern noch wochenlang bliebe;
Mir schreibt eine schöne Dame:
„Komm zu uns nach Oberammergau.
Bei uns ist Christus und Liebe,
und unser Schnee leuchtet himmelblau." —
Aber Plakate und Zeitungsreklame
befehlen mich leider nicht dort-,
sondern anderswohin. Fort, fort.

Der Schnee ist schwarz und traurig
in der Stadt.
Wer da keine Unterkunft hat,
den bedaure ich.

Der Schnee ist weiß, wo nicht Menschen sind.
Der Schnee ist weiß für jedes Kind.
Und im Frühling, wenn die Schneeglöckchen blühn,
wird der Schnee wieder grün.

Beschnuppert im grauen Schnee ein Wauwau
das Gelbe,
reißt eine strenge Leine ihn fort. –
Mit mir in Oberhimmelblau
wär's ungefähr dasselbe.

Joachim Ringelnatz

Die *Züge*

Rauchwolken, rosa, wie ein Frühlingstag,
die schnell der Züge schwarze Lunge stößt,
ziehn auf dem Strom hinab, der riesig flößt
Eisschollen breit mit Stoß und lautem Schlag.

Der weite Wintertag der Niederung
glänzt fern wie Feuer rot und Gold-Kristall
auf Schnee und Ebenen, wo der Feuerball
der Sonne sinkt auf Wald und Dämmerung.

Die Züge donnern auf dem Meilendamme,
der in die Wälder rennt, des Tages Schweif.
Ihr Rauch steigt auf wie eine Feuerflamme,

die hoch im Licht des Ostwinds Schnabel zaust,
der, goldgefiedert, wie ein starker Greif,
mit breiter Brust hinab gen Abend braust.

Georg Heym

Die *Reisegefährten*

In ein Halbkupee erster Klasse des Schnellzuges Amsterdam–Leipzig war an einem Winterabend ein alter, fein aussehender Herr gestiegen, hatte seinen Pelz und sein Handgepäck auf den leeren Plätzen ausgebreitet und sich sehr behaglich eingerichtet. Der Zug war nicht stark besetzt; der Reisende hoffte, allein zu bleiben und wenn auch im rüttelnden Waggon nicht schlafen, sich doch wenigstens bequem ausstrecken zu können. Die Enttäuschung, die ihm bevorstand, wurde ihm bis zum letzten Augenblick aufgespart. Schon war das Zeichen zur Abfahrt gegeben, als eine mächtige, in einen langen Pelzrock gehüllte Gestalt in der Waggontür erschien. Ein junger Mann, ein blonder Riese, trat ein. Mit weicher, wohlklingender Stimme sagte er einige Male: „Pardon!", schloss die Tür, blieb stehen, eine Antwort erwartend. Sie erfolgte nicht, und er legte denn, nachdem er seine eigenen Reiseeffekten im Netze untergebracht hatte, die des alten Herrn sorgfältig und fast respektvoll auf den mittleren Sitz zusammen. Dann setzte er sich auf den frei gewordenen Platz, so bescheiden als möglich und ganz tief in die Ecke.

Jede seiner Bewegungen war von dem anderen mit scharfen, verdrießlichen Blicken verfolgt worden. Sein Missfallen an dem Menschen steigerte sich, als der den steifen Hut, den er getragen hatte, mit einer runden Pelzmütze vertauschte und der slawische Typus seiner Physiognomie noch deutlicher zum Vorschein kam.

„Ist ein Russe, ist meiner Seel ein Russe", dachte der Alte. „Wenn er sich auf der Heimreise befindet, werd ich ihn vor Leipzig nicht los. Angenehme Nacht in Aussicht. Raucht eine Nacht durch wie nichts, so ein Russe."

Aber der Russe rauchte nicht, er lehnte schweigend und regungslos in seiner Ecke.

Ein neuer Argwohn stieg in dem Wagennachbarn auf: „Rührt sich nicht, richtet sich zum Schlafen ein. Natürlich, so ein Russe. Raucht wie ein Kohlenmeiler oder schnarcht brüllend wie eine Rohrdommel."

Aber der Russe schlief auch nicht. Er hielt vielmehr, soviel man beim Schein der mit dem Waggon hin und her schwankenden Deckenlampe sehen konnte, die Augen mit begütigendem Ausdruck auf den Reisegefährten gerichtet, als ob er sagen wollte: „Es ärgert Sie, dass ich da bin, und das tut mir herzlich leid, doch kann ich mit dem besten Willen nicht verduften."

Der Übellaunige schmollte weiter. „Raucht nicht, schläft nicht, sieht mich an, möchte wahrscheinlich gern plappern, alle Russen plappern gern. Dafür dank ich. Da wär mir ein stiller Raucher und selbst ein lauter Schnarcher noch lieber." Er wandte sich plötzlich dem jungen Manne zu und sagte trocken: „Wenn Sie rauchen wollen, rauchen Sie."

Der Angeredete verbeugte sich: „Ich danke, ich rauche nicht."

„So? – Aus Gesundheitsrücksichten?" Er lächelte selbst bei der Frage an diesen blühenden, kraftstrotzenden Menschen. „Oder Geschmackssache?"

„Das Letztere, ich mag den Tabak nicht."

„Erstaunlich für einen Russen. Sie sind doch ein Russe?"

„Meine Familie ist deutschen Ursprungs, aber seit mehreren Generationen in Russland naturalisiert, in Südrussland. Ich lebe in Taurien." Er stellte sich vor: „Alexis Platow, Gutsbesitzer." Ein kurzes Besinnen, und mit abermaliger höflicher Verbeugung die Frage: „Und wie darf ich Sie nennen?"

„Nennen Sie mich Doktor", lautete die barsche Erwiderung. „Ich bin Arzt. Das heißt gewesen. Praktiziere nicht mehr. Wenn Sie schlafen wollen, schlafen Sie", fügte er hinzu.

„Ich kann nicht, Herr Doktor, ich kann auf der Eisenbahn nicht schlafen, ein so ausgezeichneter Schläfer ich sonst bin."

„Da geht es Ihnen wie mir", sagte der Alte, „ich kann im Waggon nicht schlafen und bin kein Raucher."

„Auch nie gewesen, Herr Doktor?"

„Doch, ein leidenschaftlicher, in der Jugend. Später hat es sich gemäßigt wie so vieles andere. Und auf einmal – das kam plötzlich – machte ich die Bemerkung: Es schmeckt dir nicht mehr, du rauchst nur aus Gewohnheit. Da hab ich's aufgegeben."

„Sofort und gänzlich?"

„Sofort und gänzlich."

„Bewunderungswürdig, Herr Doktor; eine alte Gewohnheit aufgeben können, ohne rückfällig zu werden, das ist eine große Sache."

„Nicht so gar groß in meinem Fall. Ich hasse die Tyrannei der Gewohnheit. Der Gewohnheitsmensch ist eigentlich gar kein Mensch, ist ein stumpfer, elefantenhäutiger Popanz."

„Da haben Sie recht. Auch ich hasse die Gewohnheitsmenschen."

Der Doktor betrachtete ihn misstrauisch. Wieder eine Übereinstimmung! Erriet ihn dieser Mensch und wollte sich ihm angenehm machen mit slawischer Wohldienerei? „Können Sie wirklich hassen?", fragte er spöttisch. „Haben Sie die Kraft dazu? Man sieht es Ihnen nicht an. Riesen wie Sie haben gewöhnlich ihre ganze Kraft aufs Wachsen verwendet."

Platow lachte gutmütig. „Mir ist doch noch einige zu anderer Verwendung übrig geblieben. Nicht nur, um zu hassen."

„Zum Beispiel?"

„Zum Beispiel, um zu lieben, Herr Doktor." Unsäglich jubelvoll waren diese letzten Worte hervorgebrochen: „Ich liebe, ich bin verlobt."

„Schon?"

„Schon seit Jahren; und, so Gott will (dem Doktor schien, als ob Platow unter dem Pelze das Zeichen des Kreuzes mache), in sechs Wochen – verheiratet."

„Und das wünschen Sie? Können Sie es nicht erwarten, sich unters Joch zu beugen?"

„Kann es wirklich kaum mehr erwarten."

„So? – Wie alt sind Sie denn?"

„Sechsundzwanzig."

„Ist das möglich? Ihnen sieht eine zwanzigjährige Seele aus den Augen."

Der Russe fing an, ihn zu interessieren. Wenn seine Menschenkenntnis ihn nicht täuschte, und die täuschte ihn selten, ehrlich gestanden meinte der Doktor: nie! – war er da auf ein Prachtexemplar der Gattung, auf ein Unikum gestoßen. Auf einen Steppenbären, so höflich wie heutzutage kaum noch ein Haushofmeister, einen jungen Mann der Neuzeit und naiv und vertrauensselig wie ein Kind. Trägt sein Herz auf der flachen Hand herum und fragt: „Ist's gefällig?" So kam er ihm vor, und so musste er sein; nach kaum einer Stunde hätte der Doktor darauf schwören dürfen.

Er hatte ein Gespräch gefürchtet und sich dann selbst kopfüber hineingestürzt und wusste bald so viel von dem Reisegefährten, dass er seine Lebensgeschichte hätte schreiben können.

Marie von Ebner-Eschenbach

Am liebsten fahre ich Eisenbahn

1

Aber am liebsten fahre ich Eisenbahn
Durch mein kleines wärmendes Land
In allen Jahreszeiten: der Winter
Wirft Hasenspuren vergessene Kohlplantagen
Durchs Fenster, ich seh die Säume der kahlen Bäume
Zarte Linie ums Geäst sie fahren heran
Drehn sich verlassen mich wieder

2

Im Frühjahr schreitet der Fasan vorbei
Seine goldenen Löwenzahnfedern
Machen ihn kostbar ich fürchte für ihn
Schon ist er verschwunden, zerbrochene Erde
Liegt schamlos am Bahndamm aber
Beim Schrankenhäuschen wird sie geebnet
Von Stiefmütterchen Pfingstrosenbüschen und Veilchen
Ich seh schon den Sommer, da
Wird das geflügelte Rad rotgestrichen
Der Schrankenwärter legt aus Steinen
Den Reisenden gute Wünsche

3

Arme Erde rußschwarz und mehlig
Schöne Gegenfarbe von Schwertlilien, die blau
Und mit seidig geäderten Blüten
In letzter Sonne stehn, das geht vorbei
Neue Bilder drehn sich der Zug ist so langsam
Dass ich die Pflanzen benennen kann
Jetzt die Robinien Weißes und Grünes Duft
Oder liegt auf den Pfennigblättern
Geriesel vom Kalkwerk

4

Die Fahrt wird schneller dem Rand meines Lands zu
Ich komme dem Meer entgegen den Bergen oder
Nur ritzendem Draht der durch Wald zieht, dahinter
Sprechen die Menschen wohl meine Sprache, kennen
Die Klagen des Gryphius wie ich

5

Haben die gleichen Bilder im Fernsehgerät
Doch die Worte
Die sie hörn die sie lesen, die gleichen Bilder
Werden den meinen entgegen sein, ich weiß und seh
Keinen Weg der meinen schnaufenden Zug
Durch den Draht führt
Ganz vorn die blaue Diesellok

Sarah Kirsch

Russland in der *Eisenbahn*

In Moskau kommt der Petersburger Zug auf dem Niko-
lajewski Woksal an und fährt vom Kurski Woksal weiter,
die beiden Bahnhöfe sind einander nahe, eine Viertelstunde
genügt, um mit dem Schlittenkutscher handelseins zu werden, und zehn Minuten währt die Fahrt.
Jedoch die Platzkarte (russisch: Platzkarta) hält auf: Obwohl
man sie bereits besitzt, hat man am Schalter die Nummer
des Waggons und des Platzes ausfüllen zu lassen, und das
dauert noch länger, als in einem russischen Postamt eine
Briefmarke zu kaufen. Bedrohlich naht die Minute der Abfahrt, der Mann im Fenster lässt nicht von seiner Gemäch-
lichkeit, und die Leute, die Queue stehen, werden nicht ner-
vös, alle Menschen haben hier Zeit und Geduld, unfassbar
viel Geduld.
„Moskau–Sebastopol", „Moskau–Rostow", „Moskau–Nish-
nij–Nowgorod" steht auf einigen Waggons, dort nehmen
nur Reisende kurzer Fahrt Platz, sie haben bloß eine Strecke zurückzulegen, die etwa so lang ist wie von Rom nach
Stockholm. Imposantere Kennzeichnungen: „Moskau–
Baku", „Moskau–Tiflis" oder gar „Moskau–Wladiwostok",
d. h. vierzehn Tage, wenn es gut geht; und dann steigt man
um, Kleinbahn, Rentierschlitten, Schneeschuhe …
Blau gestrichen sind die internationalen Schlafwagen, in
erste und zweite Klasse eingeteilt, in ihnen sitzen englische
Kaufleute und deutsche Diplomaten, einer tritt sein Amt als
Generalkonsul in Tiflis an, einer ist Gesandtschaftssekretär
in Persien und der dritte (der Herr, dessen elegante grüne
Weste Aufsehen erregt) ist Zuschneider in Teheran.
In gelben Waggons der weichen Klasse „Nep"-Männer, die
Trockenwohner der „Neuen ökonomischen Politik", sie tra-
gen keine Fingerringe und keine eleganten grauen Westen,

man sieht ihnen an, dass sie von unten stammen, aber sie haben Fettpolster, rötliche Glanzpunkte über den Backenknochen, sind mit Handel und Wandel zufrieden, mit Essen und Trinken dito. Außerdem reisen Beamte in der weichen Klasse, irgendwohin kommandiert oder delegiert, und können es durch ein Mandat beweisen, – „Delegat", „Mandat" und „Kommandirowka" sind wichtige und gebräuchliche Titel, mancher maßt sie sich an, um zu imponieren, aber so leicht wie in Gogols Russland hätte es heute kein Revisor mehr.

Die interessantesten Fahrgäste, weitaus die interessantesten benützen die harte Klasse; wer das Glück hat, einige Tage oder gar einige Wochen im dunkelgrünen Waggon fahrend zu wohnen, der sieht und hört das alte und das neue, das nördliche und das südliche, das begeisterte und das empörte Russland, der lernt die Urbilder aller Typen aus der Literatur kennen, von Gorkis Barfüßlern bis zu Tolstois Fürsten, von den Helden der napoleonischen Zeit, die Lermontow edel malte, bis zu den roten Reitern Budjonnys, über die jetzt Babel freche Satiren schreibt, hat Freundschaften geschlossen, genug Komödien und Tragödien erlebt.

Das Publikum ist gemischt, es lässt sich nichts Besseres über ein Publikum aussagen. Hekatomben von Milchweibern füllen den Moskauer Bahnsteig, beim Morgengrauen schwärmten sie in die Stadt wie die Kremldohlen, und nun kehren sie heim, jede von zwei gigantischen Milchkannen flankiert und mit einem Sack, in dem sechs leere Zinngefäße klirren. Familien fahren aufs Land, dort das Weekend zu verbringen, Großvater bleibt vielleicht schon den Rest des Jahres auf der Datsche. Viehhändler sitzen im Personenzug. Ein gutrasierter junger Mann mit messerscharfem Hosenbug und weißen Gamaschen hat aus politischen Gründen in Suchum zu tun, mehr sagt er nicht; der Schüler einer Lehrerbildungsanstalt reist mit Frau und Kind in einen Kurort (russisch: Kurort) im Kaukasus, er bekam einen Freiplatz, außerdem zahlt der Staat ihm, einem gewesenen Arbeiter, und seiner Familie während des Studiums sein Gehalt! Farbengewirr von Kopftüchern, resigniert graue und optimistisch grellgeblümte. Eine Dame behält den Hut auf und ist auch sonst tiptop: Seidenstrümpfe, Lackschühchen, Tituskköpfchen und goldbestickte Seidenbluse, von ihren Pralinen bietet sie immerfort dem Ingenieur an, der neben ihr sitzt, nach Dschulfa fährt, „Schmidt" heißt, aber nicht weiß, dass das ein deutscher Name ist.

Moskau kriecht vorbei, Orgie der Kontraste, asiatisches Dorf mit Häusern in amerikanischem Wolkenkratzerstil, Kistenschlitten und Autobus, Barockpalast und Holzhütte, Stanislawski und Meyerhold, Presseaufschwung und Diktatur, Hofopernballett und „Blaue Bluse", Straßenbazar und Warenhaus. Von den Turmknaufen des Kreml leuchten goldene Zarenadler unversehrt herüber, zwischen ihnen weht Tag und Nacht die rote Fahne von der Kuppel. Vierzigmal vierzig goldene Kreuze mit je acht Enden (auch dort, wo Kopf und Füße Christi waren, sind Querbalken) und mit einer goldenen Kette richten sich fromm zu Gott empor, vierzigmal vierzig blutrote Sterne mit je fünf Enden richten sich trotzig gegen Gott empor. Und die Türme selbst! Es war dafür gesorgt, dass goldene Zwiebeln in den Himmel wachsen – an einer Straßenecke hat man mit einer Ananas Fußball gespielt, und sie blieb in der Luft hängen – am Roten Platz steckt eine buntgewürfelte Gesellschaft von beturbanten Emiren, Scheichs und Großwesiren die Köpfe zusammen und flüstert sich, oh, heiliger Basilius! pikante Geheimnisse aus dem Harem zu, – jemand erhob feierlich seinen Becher, und der Becher ward zum Kirchturm.

Auf breiten Holzbänken, über denen eine große Laterne hängt, wodurch der Waggon wie ein braves Blockhaus wirkt, sitzen je drei Leute nebeneinander, so wie sie nachts

übereinander schlafen werden; drei Stock hoch ist das brave Blockhaus. Polster, Decken, Betttuch hat fast jeder mit, in Leinwand war das und alles übrige Gepäck eingenäht, jetzt wird die Hülle aufgetrennt und der Inhalt ausgebreitet; wer kein Bettzeug hat, kann sich's vom Schaffner leihen, der es einem plombierten Sack entnimmt und das breite Brett in ein Bett verwandelt, drei Rubel kostet es, – gleichgültig, ob man eine Nacht fährt oder zehn Nächte. Kinder liegen an der Wandseite, hinreichend viele sind's, wir brauchen vorläufig keine mehr, Kinder in allen Lebenslagen, solche, die noch in die Windeln pinkeln, solche, die es schon in die Hosen besorgen, solche, die in sich hineinwimmern, andere, die dem Nachbar in die Ohren trompeten.

Die Hauptstadt dreht sich am Zug vorüber, dort im Marien-Hospital wurde Dostojewskij geboren, an Biegungen des Moskwa-Flusses ragen Bastillen mit Festungsgräben, hohem Wall und Schießscharten und sind Klöster, alte Holzhäuschen begleiten die Ausfahrt, man liest eine Jahreszahl: anno domini 1796, die napoleonische Feuersbrunst hat also diese Hütten verschont, Waggonvillen, nicht weit vom Bahndamm; die Speicher des „Chleboprodukt" sind moderne Zweckbauten, sie könnten auch in Hamburg stehen, Schneefelder spielen in allen Nuancen des abstrakten Weiß, das blau sein kann und perlmutterfarben und silbern, Leute mit Handschlitten schleppen etwas in die Stadt.

Die versickert schon. Schwengelbrunnen, Raben, Düngerhaufen tauchen an ihrer Stelle auf, Birkenwälder, Hüttengruppen, eine Schlossruine, die wie ein von Kandelabern umgebener Sarg aussieht; augenscheinlich ist der Palast nicht zu Ende geführt worden, weil der Bauherr vor dem Katafalk erschauerte; kleine Häuser mit bemalten Giebeln und geschnitzten Fensterläden, Datschen, dann verschwinden auch die Dörfer, und stundenlang dampft das Vehikel durch den Atlantik des Schnees.

Der Schaffner hat die Fahrkarten abgenommen und ist damit beschäftigt, jede an die zugehörige Stelle eines zusammenlegbaren leinenen Planes zu stecken, der den Waggon veranschaulicht, zwei Schaffner sind in jedem Wagen, sie lösen einander im Dienst ab und wohnen in einem Halbkupee, in Intervallen durchwandert der Oberkondukteur (russisch: Oberkonduktor) den Zug. Wen die Platzkarte in ein braves Blockhaus einquartiert hat, das Nichtrauchern reserviert ist, der muss, seine Papyrus anzustecken, auf den kurzen Korridor vor der Toilette. Hier finden endlose politische Beratungen statt, besonders wenn ein Passagier aus Deutschland da ist, den man über Gindenburg, Stresemann und Thälmann ausfragt, darüber, ob in Deutschland Arbeiter das Doktorat machen können, bis zu welchem Monat eine schwangere Frau arbeiten darf, ob dort die Bergleute auch nur vier Wochen Jahresurlaub haben, wie viel ein Pud Brot kostet, wie viel ein Paar Walinki (Filzstiefel), und ob man viel Foxtrott tanzt. Während dieser Debatten öffnet sich von Zeit zu Zeit die Tür der Toilette, der Zigarettenrauch ist auch nicht von der besten Sorte, und die Doppelfenster sind in den Wintermonaten hermetisch verschlossen.

Draußen ist Luft und Schneesteppe. Spärlich die Waldungen, man erkennt die Holzarmut der Gegend an den Wohnstätten: niedrige Häuschen mit Stroh gedeckt, keine Spur mehr von Schnitzerei und von Fensterläden, die Zäune von äußerst geringer Dichte. Manchmal wächst der Schnee ins Senkrechte empor und zerstäubt oben in dunkle Strahlen: das sind Birkenforste.

Im Zuge spielen Arbeiter „Schachmatt". Der gutrasierte junge Mann mit dem messerscharfen Hosenbug und den weißen Gamaschen, der – wie jeder weiß – in politischer Mission nach Suchum fährt, spricht herablassend mit einem Studenten und lässt durchblicken, dass er ein Delegat mit

einem Mandat und einer Kommandirowka ist. Die tiptope Dame hat den Hut bereits abgelegt, ist aber noch immer in Seidenstrümpfen und Halbschuhen und raspelt noch immer mit dem langen Ingenieur Schmidt Süßholz und Pralinen. Tee wird getrunken und Esswaren werden ausgepackt, Riesenbrote, Riesenschinken, Riesenwürste, Riesenkäse, man bietet einander an. Zwischen den Waggons sind kleine Blechbrücken heruntergeklappt, ihre Hälften schlagen rhythmisch zusammen, ganz anders klingt der Schall der russischen Bahnfahrt als bei uns: Tarrara-tarrara-bsching, tarrara-tarrara-bsching.

Frauen aus dem Raucherabteil und aus dem Nichtraucherabteil, die Frau mit dem Hut, die Frauen mit den optimistischen und den pessimistischen Kopftüchern, die Frauen ohne Hut und ohne Kopftuch haben sich auf den Passagier aus Deutschland gestürzt: Was trägt man in Deutschland? Kurzen Rock, langen Rock, helle Strümpfe, dunkle Strümpfe, Männerhemd, Jumper, ach, was weiß ich! Und schreiben dem Passagier aus Deutschland ihre Adresse auf, wollen ein Modejournal, sind bereit, es vorher zu bezahlen, zwei Rubel, drei Rubel, fünf Rubel, – gibt niemand mehr? Und was tanzt man in Berlin? Wohl oder übel muss der deutsche Gast Java und Blues und Charleston vorführen, die Leute stellen sich auf die Bänke und schauen zu, tarrara-tarrara-bsching, tarrara-tarrara-bsching spielt die Jazzband.

Hält der Zug auf einer Station, springen die Fahrgäste hinaus, jagen auf eine fensterlose Holzbude zu, in deren Innern ein Kessel dampft; aus der Piepe an der Außenwand strömt heißes Wasser. Alle erdenklichen Gefäße füllt man, Samoware, Flaschen, Thermophore, Kannen, Eimer. In Tula stürmt man nicht nur den „Kipjatok", sondern auch den Stand, der Tulaer Stahlwaren feilbietet, – obwohl man Solinger Stahl in Solingen nicht besser einkauft als in Berlin! Unverschämt teuer sind die Sachen, Taschenmesser, Sche-

ren oder Nippes-Bügeleisen. Die Lokomotive wird gewechselt, statt des einen fossilen Ungeheuers kommt das andere, zur Seite rollt die alte Maschine, von ihrem Vorderteil trieft schwarzes Fett, ihr Hinterteil ist reines Kristall, leuchtend von Schnee und Eis.

Zweimal läutet die Bahnhofsglocke, alles rennt zum Zug, jeder Waggon hat eine Nummer, auf dass auch der Dümmste seine Wohnung finde, mit dem neuen Vorspann geht es weiter; das heiße Wasser wird in Tee verwandelt; links Jasnaja Poljana, ein stilles friedliches Dorf, aber man weiß jetzt, welch laute Kämpfe Tolstoi dort auszufechten hatte; rechts flüchtet eine Zwingburg vorbei: Orel, Väterchens Zentralgefängnis. Oberhalb der Oka leuchtet der goldene Knauf einer Kuppel, tarrara-tarrara-bsching, tarrara-tarrara-bsching, und nun ist es das Tal des Dnjepr, über das sich die weiße Steppdecke breitet, lehmbeworfene Hütten, geflochtene Zäune. Eine Pracht von Kloster: die Einsiedelei Korenscha. „Ich bin wie ein Kloster", pflegte Paul Cassirer zu sagen, „ich lebe von einem Bild." Das Kloster Korenscha lebte auch von einem Bild, noch dazu von einem hier nicht vorhandenen; in Korenscha war es nur aufgefunden worden – so erzählen die Fahrtgenossen – und nach Kursk gebracht, von wo es immer zu Pfingsten in seine ehemalige Heimat überführt wurde, um Wunder zu tun, indem es dem Klosterkonvent zu einer Millioneneinnahme verhalf.

Schnee liegt auf den Feldern, nicht mehr in breiter Fläche wie im Norden, aber in allen Furchen, die Fruchtbarkeit der Gegend lässt sich auch in Schnee und Winter feststellen: stattliche Bauernhäuser, weite Stallungen und Schuppen, wir sind in der Ukraine.

Die Nacht bricht langsam herein, man klettert ins zweite oder dritte Stockwerk, Bettzeug auszubreiten oder sich einfach aufs Holz zu werfen; die tiptope Frau wird von Ingenieur Schmidt überredet, im Parterre Lager zu beziehen, und er sitzt nun neben ihr, sie liegt in Seidenstrümpfen, Halbschuhen und goldbestickter Bluse da, die meisten Frauen sind in Nachtjacke und Unterrock, die Männer schlafen in Kleidern und hohen Stiefeln oder in heißen Wollsocken, Kinder wimmern, Mütter irren; wenn jemand hinausgeht, spürt man Zugluft, lässt er gar die Türe offen, so brüllen die anderen, Schnarchen dröhnt durch alle Etagen, tarrara-tarrara-bsching, tarrara-tarrara-bsching, jeder hat Koffer und Stiefel unter dem Kopf, fürchtet Diebe. In einem braven Blockhaus liegt man, vorbei fährt die schwarze Unendlichkeit. Nur auf den Stationen wird das Dunkel zerrissen von Lämpchen oder von dem offenen roten Feuer der Lokomotiven; selbst nachts fließt der Kipjatok, in den Wartesälen schlafen hundert Schafpelze, hundert Kopftücher und hundert Säcke auf dem Boden, hier riecht es ebenfalls nach heißem Tee und heißen Wollsocken, hier durchsägen ebenfalls die Schläfer laut die Luft. Eine Weichenstellerin schwingt die Lampe, ihr Kopftuch leuchtet auf für einen Augenblick als roter Fleck, zweites Läuten, der Zug rollt, tarrara-tarrara-bsching.

Vor Charkow großer Lärm, ein Koffer ist gestohlen, bald ist's klar, wer der Dieb war: der schlanke Ingenieur Schmidt! Er wusste nicht, dass Schmidt ein deutscher Name ist, – natürlich, er führte diesen Namen noch nicht lange. Alle greifen unter ihren Kopf, nach dem Gepäck und nach der Brieftasche, der tiptopen Frau fehlt das Handtäschchen, deshalb also hat ihr der Galan zugeredet, im Parterre zu schlafen, da lässt sich nichts machen, nitschewo; es wird kein Protokoll aufgenommen, keine Anzeige erstattet, kein Telegramm abgesandt, nitschewo, die tiptope Frau zieht jetzt ihre Halbschuhe aus und lockert die Strumpfbänder, Verzicht.

Man räkelt sich, steht auf, die Toilette ist belagert von Menschen mit Seife und Handtuch. Das weiße Land ist schwarz, Windmühlen am Horizont, manche Frauen bleiben in

Pantoffeln und Unterrock, die Bügelfalte des gutrasierten Mannes, der in politischer Mission nach Suchum reist, ist nicht mehr messerscharf, im Gegenteil, die Hose weist Ansätze von Knollenbildung auf, und er erscheint keineswegs gut rasiert; hingegen zeigen sich der Gesandtschaftsbeamte und der Generalkonsul auf dem Bahnsteig in Charkow mit tadellosem Scheitel und unzerknittertem Kragen, und der präsumtive Zuschneider von Teheran hat sogar eine neue Weste an, dunkelgelb mit grauem Passepoile.

Keine Schlittenkufen sieht man nun, sondern Wagenräder, deren Anblick man länger als ein halbes Jahr entbehrt hat; während in Moskau noch die Diktatur des Winters herrscht, lockert sie sich hier zum Vorfrühling. Die Äcker hören auf und die Halden beginnen, Essen lodern, Fördertürme stehen dick und breitspurig da, Schlote schlank und hoch, Fabriken, Kohlenberge, Holzplätze. Schwerarbeiter steigen in den Waggon und wollen von dem ausländischen Passagier wissen, wie viel Wochen Urlaub einem Metallarbeiter in Deutschland gesetzlich zustehen, wie viel Lohn ein Hauer hat, ob die Bruchpfeiler verritzt werden, welche Zeit des Urlaubs die Arbeiter der chemischen Betriebe unentgeltlich im Sanatorium verbringen dürfen. In Artiomowsk steht das Gewerkschaftshaus des Donezbeckens, ein neues ist im Bau, eine Bronzeobelisk auf dem Bahnhof nennt die Namen der Arbeiter, die von den Weißen füsiliert wurden. Von Fördertürmen weht ein rotes Flaggentuch, – rote Fahne über schwarzem Land, aus den Schloten unvertünchter Ziegelbauten weht der Rauch, – schwarze Fahne über rotem Land.

Auf allen Stationen ist es gleich, über eine niedrige Hürde strecken Weiber ihre Körbe, in denen Eier sind oder frischgebackenes Brot (unter einem Kissen warmgehalten) oder gebratene Hühner, deren Preis je nach der Größe (der Station) von fünfzig Kopeken bis zu einem Rubel dreißig

Kopeken schwankt; Milch wird gleichfalls feilgeboten. Der Abend ist Steppe, Steppe ist die Nacht. Beim Morgengrauen in Nowotscherkassk, der Stadt der Donkosaken, steigen Städter ein, die Erbeingesessenen nehmen keine Rücksicht auf sie; der Mann mit der ehemaligen Bügelfalte ist kleinlaut geworden und hat sich seit vorgestern noch nicht gewaschen, die Frauen bleiben in Unterröcken, im Waschbecken auf der Toilette reinigen sie Windeln und hängen sie in der rußigen Heizkammer zum Trocknen auf, die tiptope Dame zieht die Lackschühchen nicht wieder an und knüpft die Strumpfbänder nicht fest, tarrara-tarrara-bsching. Wer in Rostow am Don ins Büfett gehen will, richtet sich ein bisschen her. Ein ganz europäischer Bahnhof: Damen, die echten Augenbrauen ausrasiert, hoch darüber die falschen gemalt, spazieren auf dem Perron (russisch: Platforma), das Ausspucken und Wegwerfen des Mundstückes (russisch: Mundstuck) ist bei drei Rubel Schtraf (um das russische Wort für „Strafe" zu gebrauchen) verboten, und das Publikum wird gebeten, nur die offiziellen Gepäckträger zu benützen, die an Messingschild und weißem „Fartuch" kenntlich sind. Im weißgedeckten Speisesaal kriegt man ausgezeichnete Hors d'œuvres (russisch „Vorschmack" genannt) und der Raseur (Parruckmacher) amtiert in einem modernen Salon. Dagegen ist der „Kaspar", der auf buntem Plakat zu Dampferfahrten einlädt, kein deutscher Kaspar, sondern die Zusammenziehung des russischen Firmatitels Kaspisee-Dampfschifffahrt ... Hier äußert sie sich sonst nicht, hier äußert sich die Dampfschifffahrt des Asowschen Meerbusens, des Schwarzen Meeres. Auf den Bahnhofsrampen werden Ballen mit Weizen, Tabak, Hafer, Wolle umgeschlagen, die Hafenspeicher reichen bis zum Personenperron, die Eisenbahnwerkstätten bis ans andere Ufer des Don, über den man auf einer Gitterbrücke rattert.

Tief unten ist Inundationsgebiet, – eine jener geheimnisvollen Landschaften, von denen man monatelang nichts weiß, da das Wasser über ihnen zusammenschlägt, und die dann wieder vom Ertrinkungstode auferstehen; vor Kurzem schwammen noch Fische hier, Holzblöcke, Leichen, Schiffe, und nun ist es Land, auf dem Menschen gehen; drei Landstreicher tauchen aus einem Gebüsch auf und strecken sich, Bauernweiber tragen Rückenkörbe und Säcke, Männer treiben Ochsen und Schweine, am Rand der Stadt ist ein Markt im Gange, tarrara-tarrara-bsching, Steppe, Steppe, Steppe, ein Kosakendorf wird sichtbar, dahinter wieder ein Aul, Steppe, Steppe, Steppe, wieder eine Stanitza, dann der Kaukasus.

Fünf Frauen sind eingestiegen, sie haben als Gattinnen von Eisenbahnern freie Fahrt und reisen fünf Tage und fünf Nächte nach Batum, um Konterbande einzukaufen, Strümpfe und Seide, die griechische und türkische Schmugglerschiffe dort verschleißen; fünf Tage und fünf Nächte dauert die Rückfahrt, – ein abenteuerliches Einholen, aber die fünf Frauen haben nicht genug davon, sie sind auch Abenteuern anderer Art nicht abhold.

Die Stammgäste des Waggons duzen einander längst, jeder hat schon mit jedem „Schachmatt" gespielt, jeder hat schon ein Mädchen, mit dem er nachts auf dem Korridor vor der Ubornaja steht oder im Heizraum, alle Schranken sind gefallen, auch die Seidenstrümpfe der tiptopen Dame, sie läuft in schmutziger Nachtjacke und schmutzigem Unterrock umher, ach, wie zerzaust ist das ehemals so wohlassortierte Titusköpfchen! Der gutgebügelte, gutrasierte Herr hat ausgebuchtete Hosen und einen scheußlichen Vollbart, nicht mehr grau, sondern braun sind die weißen Gamaschen, nichts blieb von seiner Herrlichkeit als die politische Mission, der Lehrer-Arbeiter hustet immer mehr, die Kinder haben sich mit den Fahrgästen angefreundet und pinkeln

auf deren statt auf der Mutter Schoß; wenn jemand den deutschen Passagier nach Gindenburg, Stresemann, Thälmann fragt, oder danach, was ein Glas Sonnenblumenkerne in Deutschland kostet, oder eine Rubaschka, eine lange Männerbluse, so antworten alle im Chor.

Isothermische Waggons mit Mineralwasser kommen entgegen, eine Flasche des Sauerbrunns „Narsan", für die man in Moskauer Hotels fünfzig Kopeken verlangt, kauft man hier bei den Verschleißhütten für achtzehn, der Doppelgipfel des Elbrus hüpft auf und ab, mit Eis bedeckt, und später der Kasbek, er trägt eine Nebelkappe, und deshalb kann man nicht sehen, ob dort noch immer Prometheus festgeschmiedet ist, vom Adler beknabbert; ein Knirps ist der Montblanc gegen diese Berge! Dazwischen die Station Mineralni Wody, die Arbeiter steigen um, die den Urlaub in kaukasischen Kurorten verbringen. In Großny: Tribünen auf Petroleumhalden, weiße Ölzisternen, Schlote der Raffinerien, neue Arbeiterkolonien. Auf dem Bahnhof von Machatschkala, das in zaristischer Zeit „Petrowsk" hieß, spreizen sich Tscherkessen in der hohen Persianermütze, dem Papach, Türken hocken mit gekreuzten Beinen auf der Erde, die Aufschriften sind türkisch, und zwar sowohl in osmanischen Schriftzeichen als auch in lateinischen Buchstaben, um deren Einführung man bemüht ist; Machatschkala ist Hauptstadt der Sowjetrepublik Daghestan. Hier ist schon andere Zeit, die Uhr wird um eine Stunde vorgerückt, von nun an gibt es keine Klosette mehr, man muss jede Notdurft stehend verrichten, nur wir im Zug dürfen uns noch setzen, wenn wir Lust haben. Nach Südosten ist der Schienenstrang geschraubt; stundenlang: links Kaspisches Meer, rechts Felsen mit Zitadellen; dann: links Dämmerung, rechts Dämmerung; dann: links Nacht, rechts Finsternis. Morgens versucht Narynkaleh zu drohen, die Zitadelle von Derbent; sie beherrschte die Porta Albana, den einzigen Weg von Asien nach Norden zwischen Meer und Berg, Altertum, Mittelalter und Neuzeit kämpften um sie. Schon ist gesunken in den Staub der Sassaniden alter Thron, schon plündert Mosleminenhand das schätzereiche Ktesiphon längst nicht mehr, – und an der ziemlich unversehrten Mauer der Sassaniden saust die Staatsbahn achtlos vorbei, tarrara-tarrara-bsching.

Der Schaffner erscheint und fegt mit besonderer Sorgfalt. In Baladschari stehen auf Nebengleisen Hunderte ausrangierter Waggons, – warum schreibt niemand den Film „Die Insel der verlorenen Waggons"? – Das Besondere dieses Eisenbahnfriedhofes ist, dass hier nur Zisternenwaggons ruhen, hundert Farben und hundert Formen und hundert Größen. Was sollen Trampoline auf dem Festland? Ach so, es sind Bohrtürme, alte und neue, Arbeiterkolonien, alte und neue, die Raffinerievorstädte durchläuft unser idyllisches Blockhaus, Biely Gorod und Tscherny Gorod, ein Gebäude strebt zur Göttlichkeit, teils indischer Tempel, teils Moschee, teils byzantinische Kathedrale, es ist die griechisch-katholische Kirche, nun neigen sich auch ein Palast der Chane und eine Perserfestung, und Baku, die Petroleumstadt am Meer und auf dem Berg, voilà Naples tatare!

Die Bahnhofsuhr hat zwei Stundenzeiger, einen für Orts- und einen für europäische Zeit; die Uhren der Stadt tragen die Buchstaben AEG. Am Zeitungsstand bekommt man eine Berliner Zeitung, wenn sie auch drei Wochen alt ist, das Modenblatt liegt bei, und im Nu ist man von allen Frauen umringt. Neue Frauen geben dem deutschen Fahrgast ihre Adresse an, dass er ihnen Modejournale zusende und Schnittmuster. (Aber nur zwei werden sie erhalten, davon die eine: zwei Nummern.)

O du meine Güte, wie sieht die alte Garde der Fahrtgenossen aus! Nicht mehr bloß schmutzig, nein, auch zerrissen sind Nachtjacken und Unterröcke, zerrauft die Haare. Wel-

ches war doch die Dame mit dem tiptopen Titusköpfchen? Die Gamaschen des struppigen Herrn (der nicht mehr in politischer Mission reist, sondern für die Leningrader Groß-einkaufsgesellschaft einen Waggon Suppengewürz beschaffen soll), waren sie weiß, grau oder braun? – jetzt sind sie jedenfalls schwarze Fußlappen. Und noch sind wir nicht am Ziel, noch bewegt sich die Landschaft, während wir sitzen, tarrara-tarrara-bsching, tarrara-tarrara-bsching, ein Schlammvulkan, eine Sahara, durch die Kamelkarawanen ziehen, von den Felsen herab und nun entlang der Bahnstrecke, die Schiffe der Wüste fahren parallel der Eisenbahn, Berge, öde Steppe, Weinberge, Gendscha (vormals Jelissa-wetopol), wo schwäbische Winzer aus dem Dorf Rosa-Luxemburg einsteigen, Kupferwerke, die Ubornaja ist wieder umlagert von Menschen mit Seife und Handtuch, einige haben die Zahnbürste aus dem Koffer exhumiert, vielleicht wartet der Bräutigam, die Braut, vielleicht wollen sie nur – zum Abschied – imponieren, viele packen ihre Sachen; in den Gärten der Villen blühen Rosen, gelbe, rote und die blauen Rosen Georgiens, grün strahlt der Frühling von allen Beeten, und unten im Tale und auf den Bergen liegt Tiflis, die Hauptstadt des Kaukasus.

Nur für kurze Zeit lächelte sie ins Fenster und breitete sich lockend aus, – vergeblich, der Zug reißt sich los von der Versuchung, resigniert senken sich die Arme, die Stadt schrumpft zusammen, tarrara-tarrara-bsching, die Kuppel der Garnisonkirche, über der jetzt der rote Stern wohnt, und die Höhen verschwinden mit den Felstrümmern der persischen Festung, dem botanischen Amphitheater, dem georgischen Königsschloss Metech, in dem die aufständischen Reaktionäre von 1921 eingesperrt sind, und bald schließt sich auch ein enttäuschtes Auge, das nachgeblickt hatte, das Davidskloster auf dem Hang. Eine hässliche, braungelbe Vorstadt empfängt die Fahrt, kahle, dachlose

Häuser mit hölzernen Klopfbalkonen, die nur vormittags schön sind, wenn sie – der Nachbarschaft zum Neid – die schwarzrot geknüpften Lambrequins herausblöken, es ist nicht schlimm, dass sich ein Felsenvorhang dazwischen senkt, doch da er sich wieder hebt, sieht man ein asiatisches Dorf, von tausend asiatischen Dörfern nur durch einige Bedachungen und schöne neue Arbeiterkolonien unterschieden, dahinter wieder Hütten, geborstene Zäune, im kahlen Garten steht nichts als ein Baum, Esel zotteln des Wegs und räudige Trampeltiere. Links die Bergwüste trägt Telegrafenstangen. Obwohl man scharf auf die Steppe schaute, entging es einem, dass sie plötzlich ein Salzsee ward. Von Ssandar an sind die Aufschriften auf Bahnhöfen dreisprachig, russisch, grusinisch, armenisch. Grenzstation ist Ssadachlo, und auch die Landschaft ändert sich, wilde Schlucht presst sie ein, Buschwerk und Moos, alle fünf Werst ein Kara-ul. In Achtala stehen die französischen Kupferwerke noch in Betrieb, aber sie gehören den Franzosen nicht mehr, die Bolschewiki, die jeden Nationalismus ablehnen, regieren das einzige Reich, das keine ausländischen Fabriken auf seinem Boden hat: Sie verjagten den fremden Privatkapitalismus wie den einheimischen. Die Strömung des alpenbachgrünen Bededatschai brandet mit weißem Gischt auf Steinblöcken, die sich im Flussbett breitmachen, die Birken am Ufer sind eher Telegrafenstangen, die oben mehrfach gespalten sind.

Bergschweine und Ziegen mit Mähnen weiden hier, Hirten lagern vor Hütten aus Lehm und Laub, deren Eingänge im Kreise angeordnet sind, es ist wie ein Indianerdorf. Ein Berg bildet die Wasserscheide zwischen der georgischen Kura und dem armenischen Araxes, aber er hält die Eisenbahn nicht auf, ein Tunnel führt durch, und gleichzeitig mit dem Licht der Frühlingssonne taucht Schnee auf, oben auf den vier Gipfeln und hundert Zacken des Allahgoes und über

seinem weißen Krater. In Leninochan halten wir, – jahrhundertelang war es Alexandropol, eine heiße Ecke dreier Reiche: Georgiens, Persiens und der Türkei.

Im Jahre 1920, jawohl, im Jahre 1920 schleppten Türken die zweitausend schönsten Jungfrauen, Mädchen im Alter von zwölf bis achtzehn Jahren, aus Alexandropol fort, keine ist zurückgekehrt, von keiner ahnt man das Schicksal.

Graugestrichene Zisternenwaggons, von kaukasischen Mineralquellen kommend, füllen den Bahnhof, Schienen durchlaufen Lavafelder, das Mauerwerk von Ani hebt sich im Mondlicht vom Horizont ab, Ruinen von tausendundeiner Kirche und der Bagratidenburg, Ani ist armenisches Pompeji. Von Etschmiadsin, wo die armenischen Päpste nun auch schon seit sechzehnhundert Jahren ihre Residenz haben, ist nur ein arger Bahnhof zu sehen. Eine Bahnlinie löst sich, ein Zug knattert vorbei, tarrara-tarrara-bsching, will nach Dschulfa und Täbris, ins Persische.

Des Ararat Eisdom ragt aus dem Tal der Weiden und Weingärten, der Herden und Hütten unmittelbar auf die andere Seite des Gewölks; wohl ließe sich glauben, dass Noah oben furchtlos landen konnte, dorthin steigt kein Hochwasser, auch biblisches nicht, und der Schnee mag ruhig schlafen. In Eriwan verlassen wir den Zug.

Egon Erwin Kisch

Ich fahr durch *Schnee* und *weiße Nacht*

Ich fahr durch Schnee und weiße Nacht.
Der D-Zug rauscht. Der Schneesturm kracht.
Ich press ans Fenster mein Gesicht:
O Himmelslicht! O Himmelslicht!

Und blank entsteigt dem dunklen Wald
des ewigen Baumes Lichtgestalt.
Der Schleier fällt vom Firmament,
und Sonne, Mond und Stern entbrennt.

Die Weihnacht hat uns hart beschert:
Blutedelstein und Eisenschwert.
In Tränen spielt das heilige Kind
mit Donnerklang und Wolkenwind.

Der finstre Geist herrscht überall,
des Kindes Spiel bringt ihn zu Fall.
Die Sehnsucht ist sein Angesicht:
O Himmelslicht! O Himmelslicht!

Klabund

Einmal mit der *Dampfbahn* fahren

Der Weihnachtsmarkt hatte seine Buden geöffnet. Überall duftete es nach Pfefferkuchen und Zimt. Adventszeit. Die Menschen drängelten sich zwischen den Ständen, Holzhäuschen und Zelten. Manche standen herum und genehmigten sich einen Glühwein oder drei Kartoffelpuffer mit Apfelmus.

Auf einem Platz in der Mitte zog eine Eisenbahn auf Schmalspurschienen ihre Runden. Sie wurde mit Wasserdampf angetrieben und stieß deshalb auch immer wieder dichte und dicke, weiße Rauchwolken aus. Für eine Mark konnten Kinder rittlings auf den vier Wagen mitfahren. Da hockten sie mit ihren bunten Anoraks und wehenden Schals, mit ihren lustigen Bommel-, Pudel- und Ohrenklappenmützen oder mit Ohrenschützern, die aussahen wie große Stereokopfhörer, hinter der schwarzen Dampflokomotive und amüsierten sich. Manchmal fuhren Erwachsene mit, wenn ihre Kinder noch zu klein waren, um allein auf die Reise geschickt zu werden.

Den alten Knaben gefror unterwegs der Schnauzbart, aber ihre Augen glänzten genauso glücklich wie die der Kinder. Die meisten Männer sind bekanntlich Eisenbahnfans: Im zarten Kindesalter sehnen sie sich danach, später einmal Lokführer zu werden, und wenn sie erwachsen sind und selbst Kinder haben, kaufen sie sich eine elektrische Eisenbahn und behaupten, es wäre ein Geschenk für den Nachwuchs. Und sie glauben, dass niemand dieses fadenscheinige Manöver durchschaut.

Natürlich war unsere Weihnachtsmarktbahn auch etwas für den fünfjährigen Bernie. Zwar mochte er überlegt haben, ob er sich nicht schon zu groß für derart kindliche Vergnügungen fühlte, aber die Tatsache, dass auch ältere Mädels und Jungs, sieben- und achtjährige, der Verlockung erlagen, mochte den Ausschlag gegeben haben für seine Entscheidung zugunsten einer Rundfahrt.

„Hast du mal 'ne Mark, Peter?", erkundigte er sich. Ich händigte ihm das Geldstück aus, und mein Freund Henri Buchschlag zeigte sich ebenfalls spendabel und meinte zu Bernie: „Jetzt kannst du gleich zweimal fahren." Und weil ich neugierig bin und alles genau wissen will, insbesondere dann, wenn es sich um Eisenbahnen handelt, interviewte ich den Betreiber des Bähnchens.

„Das ist 'ne Modell-Lok", sagte der Mann. „Das Original fuhr in den fünfziger Jahren bei uns herum. Und die Spurbreite ist fünf Zoll. Englische Norm. Macht 127 Millimeter."
Der Zug ratterte vorüber, und ich sah Bernie fröhlich winken. Nach fünf Minuten war alles vorbei, und der Kleine stand wieder bei uns.

„Hör mal", sagte Henri. „War's schön? Möchtest du noch 'ne Runde fahren? Ich habe", und er wühlte in seiner Hosentasche, „zufällig noch etwas Kleingeld." Bernie hielt die Hand auf.

Henri schaute sich unsicher um. „was hältst du davon", raunte er, „wenn ich einmal mit dir fahre?"

„Na ja." Bernie zuckte die Schultern. „Wenn du meinst."
Und um meinem hämischen Grinsen zu entrinnen, führte Henri schnell den Kleinen mit sich fort und näherte sich dem Bähnchen. Zwischen wabernden Dampfwolken bewunderte ich dann meinen alten Kumpel, der schon ein gutes halbes Hundert an Jahren auf dem Buckel hatte, wie er das Feuerross bezwang. Er strahlte wie ein Honigkuchenpferd, und ich schwöre, er hat dabei feuchte Augen gehabt. Der Schlawiner gehörte also auch in die Garde der heimlichen Eisenbahnfanatiker.

„Ich wusste gar nicht", sagte ich später zu ihm, „dass du so großen Spaß an Eisenbahnen hast."

„Aber nein", wiegelte Henri ab. „Ich hab's doch nur getan, um dem kleinen Bernie eine Freude zu machen."

Peter Biqué

2. Auch **Lokomotiven**
haben sich
einen *Weihnachtsbaum*
verdient

Es ging auf *Weihnachten* zu

Lieber Petrus mein,
lass recht tüchtig schnei'n,
in die Täler, auf die Höh'n.
Schneeschuhlaufen ist so schön.
(Füssener Ski-Gebet von 1923)

Es ging auf Weihnachten zu. Die Quecksilbersäule sank unter Null und schien sich in den Minusgraden recht wohlzufühlen; im Gegensatz zu Georg, der sich vor Kälte schüttelte. „Mach dich auf einiges gefasst, die Leidenszeit der Rangierer beginnt jetzt", sagte Seb und zog unter seine Fäustlinge ein Paar wollene Fingerhandschuhe. Auch Georg würde sich ein Paar olivfarbene Amihandschuhe am schwarzen Markt besorgen müssen. Unter die ledernen gezogen, wären die Finger nicht mehr so gefühllos. Ein fester, zupackender Griff war noch wichtiger als im Sommer. Die Rutschgefahr war groß, und das hieß, noch mehr aufzupassen als sonst.

Wie bestellt war zum Winteranfang der erste Schnee gefallen. Es hatte die ganze Nacht hindurch geschneit, und als sie zur Frühschicht antraten, waren nicht nur die Bahnanlagen in ein blendendes Weiß gehüllt. Die Weichenlaternen hatten sich mit spitzen Häubchen geschmückt, eine einsame Trittspur führte ein Wildwechsel zum Stellwerk 9 und die Ausfahrt des Ingolstädter Frühzuges hatte zwei dunkle Linien in den Schneeteppich gezeichnet. Das war aber auch das einzig Hübsche an diesem Morgen. Der Schnee hatte nicht nur die Gleise, sondern auch die Weichen dick zugepackt. Nichts ging mehr! Mit Beginn der Frühschicht war der Streckendienst am Hauptbahnhof zusammengezogen worden und hatte jedem der Männer einen Besen oder an-

deres Schneeräumgerät in die Hand gedrückt, und so kratzten und scharrten sie unentwegt, damit die Weichen wieder richtig funktionierten. Einige Kokskörbe waren aufgestellt worden, um die elektrischen Weichen aufzutauen, und die Männer nutzten die Gelegenheit, die klammen Finger über der Glut ein wenig aufzuwärmen.

Die Lok der IV. Rangierabteilung stand vor der Weiche 6 und kam nicht weiter. Xari nahm's gelassen, Gustl fluchte vor sich hin, und Seb herrschte die Männer an: „Machts, dass weiterkemmts, es lahmhaxete Lampenputzer; es seids ner da, dami aan Schneemann bauts!" Georg meinte, sich auch bemerkt machen zu müssen. „Denkt daran, 's Christkind kommt bald!" Nach mehrmaligen vergeblichen Versuchen legte die Weichenzunge endlich mit einem satten Klack an, und sie konnten weitermachen.

Die Diensteinteilung für die Feiertage wurde mit Spannung erwartet. Georg gönnte es den Familienvätern, den Heiligabend mit ihren Kindern zu verbringen und unter dem geschmückten Christbaum die wenigen Geschenke auszupacken. „Was laaft bei dir?", fragte Seb. Georg warf sich in die Brust. „Ich werde erst zu Silvester auf der Skihütte in Schliersee zu finden sein, und du hättest dann gewiss Mühe, mich zu erkennen." Seb lächelte verständnisvoll. Er wollte sich Weihnachten verloben und kannte nur noch ein Thema und das hieß: „Anni!"

Georg hatte nach der Frühschicht am letzten Tag des Jahres genügend Zeit, sich umzuziehen und seine Skiausrüstung zusammenzusuchen, und schaffte es noch, den Mittagszug nach Schliersee zu erreichen. Bewusst zögernd stand er vor der Skihütte des Turnvereins und klopfte sich den Schnee von den Schuhen. Die Hüttentür sprang auf und Adi stürzte heraus. „Ja, do legst di nieder, des is ja unser Schorschi!", begrüßte er ihn ungestüm. Im Türrahmen erschien Toni und staunte: „Mich packt', is des a Schaufensterpupp'n vom

Sport-Schuster?" Georg lehnte seine neuen Skier – Otto sei Dank! – gegen die Hüttenwand und ließ sich von allen Seiten bewundern. Lilo kam strahlend herbei und begrüßte ihn mit einem Kuss. „Fesch schaust aus!" Toni nahm ihm den Rucksack ab und etwas wie Neid schien aufzukommen. „Des is ja a Wolk'n!" Georg reckte sich. „Ja, mein Lieber, wie du siehst, ein echter Norweger mit Traggestell und allerbeste Handarbeit." Stolz führte er seine Ausrüstung vor, die er mit zielstrebiger Ausdauer im Laufe des Jahres zusammengerafft hatte. Die schicke Keilhose aus einer blau gefärbten Amihose hatte Meister Kappel dem neuen Klubmitglied kostenlos zurechtgeschneidert, der Norwegerpullover war aus alten, aufgezupften Wollresten gestrickt worden und der Anorak stammte tatsächlich von Sport-Schuster, aus einer links gewendeten Zeltplane angefertigt. Die Skistiefel hatte er am schwarzen Markt erworben – sie waren das Teuerste der ganzen Ausrüstung. Im Türrahmen erschienen weitere Bewunderer, und als Letzter schoss Kohlmeiers Dackel heran und tat das, was alle Dackel der Welt auszeichnet: jeden Fremden giftig anzubellen. Adi sah das anders und fühlte sich bestätigt: „Gell, Wastl, man merkt's halt doch: Da kimmt a Preiß!"

In das Riesengelächter stimmte auch Georg mit ein. Franz zeigte ihm das reservierte Bett, und nach einer ergiebigen Kaffeepause begannen sie mit den Vorbereitungen für den Silvesterball. Vor dem Abendessen wurden noch einige Lichteffekte ausprobiert und nach einem schnellen Imbiss konnte es losgehen. Der offizielle Teil war mit der Ansprache des Vorsitzenden und einem kurzen Jahresrückblick schnell beendet. Mit einem Lied, das gar nicht in diese Gegend passte, wurde zum unterhaltsamen Teil übergegangen. Die Melodie kannten alle.

„Die alten Germanen saßen zu beiden Ufern des Rheins. Sie lagen auf Bärenhäuten und tranken immer noch eins."

Ein Endlostext mit beliebig vielen Strophen.

„Was tranken sie damals wie heute? Ostpreußischen Bären-
fang, ihr Leute!" Georg hatte eine Flasche selbstgebrauten
Honigschnaps mitgebracht und eine erste Runde spendiert.
Und dann ging es Schlag auf Schlag. Die Jugendgruppe prä-
sentierte Hausers siebzehnjährige Bärbel als 2000 Jahre alte
Mumie, in Leinenhemden so eng gewickelt, dass ihre aufre-
gende Figur voll zur Geltung kam. Adi brachte das herzzer-
reißende Lied der sitzengelassenen Verkäuferin vom Hertie
zu Gehör, und zwischendurch wurde getanzt. Kohlmeiers
Koffergrammofon wurde von Toni bedient. Er hatte eine
neue Platte aufgelegt und Evelyn Künneke sang mit rau-
chiger Stimme: „Das Leben ist ein Karussell, es dreht sich
manchmal viel zu schnell, vergiss die Sorgen, denn jeden
Morgen wird's hell." Georg hatte Bärbel bei diesem Tanz
zaghaft an seine Brust gedrückt und das wohlige Gefühl
ließ alle Sorgen des Alltags für einen Moment in ein Nichts
fließen. Als seinen Vortrag hatte er ein altes Fliegerlied an-
gekündigt. Hansi Brunner begleitete ihn auf der Gitarre.
„Entzückt hat mich ihr Fahrgestell,
als ich sie hab' geseh'n,
dann glitt mein Blick nach oben schnell,
blieb am Benzintank steh'n.
Die sanfte Rundung freute mich,
schön war ihr schlanker Rumpf,
durch meine Seelenachse schlich
ein Zittern, süß und dumpf.
Auch die Verkleidung, superfein!
So modisch und apart,
jetzt freu ich mich, mit ihr allein
schon auf den ersten Start."
Er sah dabei Bärbel in die Augen und sie erwiderte seinen
Blick mit vielsagendem Lächeln. Die Zeiger der Uhr sprangen auf Mitternacht und das Läuten der Neujahrsglocken

drang von draußen herein. Georg hatte sich erhoben, um mit seinem Freund anzustoßen. „Ein glückliches neues Jahr und Hals- und Beinbruch für die Zukunft!" Sie wandten sich den anderen zu und ein großes Gedränge begann. „A guets Neues!", rief Franz, und Georg schloss sich mit einem förmlichen: „Prosit Neujahr" an. Lilo bekam einen kameradschaftlichen Kuss, doch bei Bärbel zögerte er. Sie hatte den Kopf zur Seite gewandt, denn ein zurechtweisender Blick der Mutter hatte sie erreicht. Leich frierend versammelten sich alle am Auslauf des Idiotenhügels, während die Raketen von allen Seiten in den Himmel schossen. Im oberen Ziehweg zur Huberspitze wurde es lebendig. Feuerschein flammte auf und warf bizarre Schauer durch das Tannengeäst. Die Jugendgruppe hatte die präparierten Fackeln angezündet und startete zur traditionellen Silvesterabfahrt. Der Anblick war fantastisch. In engen Stemmbögen kamen sie kurz nacheinander mit hocherhobenen Fackeln den Hang herunter. Eine flammenzüngelnde Riesenschlange! Das niedliche Schwanzende bildete Hausers Jüngster. Auch er machte sein Sache gut, und den aufkommenden Beifall hatten alle verdient. Doch als der Kleine im Auslauf stürzte, galt der besondere Jubel ihm. Seine Fackel erlosch nicht, sondern zischte fauchend und spuckend wie ein feuerspeiender Drache hinter ihm her, ein geradezu umwerfend komisches Bild. Bärbel half dem kleinen Bruder wieder auf die Beine, klopfte ihm den Schnee ab und tröstete: „Du warst einmalig!" Georg hatte die erloschenen Fackeln aufgehoben und flüsterte Bärbel ins Ohr: „Und du, du bist es noch." Der Kleine fuhr ohne seine Fackel weiter und Bärbel schmiegte sich wärmesuchend in Georgs Arm. Er suchte ihren Mund, und ihre Lippen fanden sich endlich zu einem verstohlenen Kuss. Die Dunkelheit war wohl nicht dunkel genug, denn Vater Hauser schaute misstrauisch herüber. Der sollte sich nur nicht so haben!

Im Schlafraum wurde es langsam ruhiger. Georg lag im oberen Doppelstockbett und konnte nicht einschlafen. Er starrte im Dunkeln gegen die Decke und dachte an das vergangene Jahr zurück. Das erste Jahr nach der Stunde Null. Noch turbulenter hätte es für ihn nicht kommen können. Am Ende war es ein gutes Jahr geworden, er konnte zufrieden sein. Würde sich diese positive Entwicklung fortsetzen lassen? Plötzlich kam ihm Beate in den Sinn. Er würde sie wohl nicht zu Gesicht bekommen, dazu war die Zeit zu knapp. Seine Clique hatte vor, sich nach einem ausgiebigen Frühstück zum Sudelfeld aufzumachen, und Georg wollte am Abend mit dem durchgehenden Zug wieder nach München zurückfahren. Ausgeruht würde er seinen Dienst mit der Mittagsschicht am zweiten Tag des Jahres 1947 beginnen. Aufgeräumt und putzmunter saßen sie am Morgen beim Frühstück beisammen, und Georg berichtete von seinem Traum. Er hatte in einem Segelflugzeug gesessen und war, trotz aller Anstrengungen, nicht vom Hang weggekommen. Kein Start gelang, und das kam nur daher, weil das weiße Segelflugzeug sich nicht vom weißen Schnee der Berge abhob.

Der Packwagenschaffner in Schliersee schaute etwas verdutz drein, als Georg ihm seinen Rucksack vor die Füße schlenzte und um vorübergehende Aufbewahrung bat. „Naa, des gibt's net, da kunnt ja a jeder kemma!", verwahrte sich der Bahner. „Ich bin nicht jeder", sagte Georg selbstbewusst und zeigte dem Kollegen seinen Rangiererausweis. Das machte ihn zwar etwas williger, aber keineswegs freundlicher. Er nahm das Gepäckstück und knurrte hinter Georg her: „Jetz kemman de Rangier scho so daher!"

Bayrischzell war Endstation, und das bunte Skivölkchen verließ mit lauten Zurufen den Zug. Die Skier wurden geschultert, der Ansturm auf die Berge begann. Die Gruppe mit Georg hatte sich ein wenig abgesondert, und am Ende

der Straße legte sie eine kleine Pause ein. Adi fragte: „Wia san mir beieinand? I bin für die Lacherspitz!" Alle stimmten ihm zu, er schien sich auszukennen. Die Steigfelle wurden aufgeschnallt, und im gleichmäßig schleifendem Schritt ging's weiterhin bergan. Am Gipfel angekommen, bot sich ihnen ein herrlicher Rundblick. Georg kam ins Schwärmen. „Wisst ihr, was den Skifahrer von einem Segelflieger unterscheidet? Gar nicht so viel: der Skifahrer hat nur die Füße noch am Boden. Beide sind dem Himmel nahe und der Blick ins weite Land und hinunter ins Tal ist der Gleiche. Die Stille ist feierlich wie in einer Kathedrale, und jeder kann mit sich und seinem Herrgott allein sein und mit ihm reden." Franz sah seinen Freund verwundert an, so kannte er ihn nicht.

Toni zog eine braune Tüte aus der Tasche. Er hatte sich aus Haferflocken, Rosinen und Nüssen ein Studentenfutter zusammengemixt, und schüttete jedem eine Portion in die hohle Hand. Dazu wurde ein Batzen Schnee in den Mund geschoben, und schon war die Gipfeljausen beendet.

Der frische, tiefe Schnee und der baumlose, weite Hang reizten ungemein. Franz rief übermütig: „Schussfahrt, mir nach!", und ließ es laufen. Georg gab sich einen Ruck und fuhr einfach hinterher. Der Fahrwind zauste an seiner Kapuze, das helle Sirren der Skier drang an sein Ohr, und schneller und schneller wurde die Fahrt. Er breitete die Arme aus und es überkam ihn wie im Rausch. Gleich würde er abheben und fliegen, fliegen wie an der weißen Düne von Rossitten.

Etwas geschafft saßen sie bei einem heißen Skiwasser auf der Walleralm und Georg holte sein „Wimmerl" hervor. Aus kräftigem rotbraunem Samt, mit Paspelierung und Reißverschluss war es ein prächtiges Skitäschchen geworden und reizte zur Neugier. „Wie kommst du zu diesem Prachtstück?" Georg lachte. „Wie ihr wisst, bin ich jetzt bei der Eisenbahn, und das Samtpolster eines splitterdurchsiebten 1.-Klasse-Abteils gab diesen feinen Stoffrest her." Adi feixte. „Ja, wenn das so ist, dann hast du auch die langen, ledernen Zugriemen an allen Abteilfenster abgeschnitten, um sie als Ledersohlen zu verwenden." Georg tat sehr gekränkt. „Ach, was seid ihr schlecht, ihr traut mir aber auch alles und jedes zu, schämt euch! Natürlich, aufgeweicht und ausgehämmert soll das Leder zur Besohlung von Damenschuhen geeignet sein, das muss irgendein Schuster oder Schwarzhändler spitzgekriegt haben. Ich bin aber kein Schuster und auch kein Schwarzhändler, ich bin ein braver Eisenbahner, und eine Dame habe ich auch nicht am Hals." Toni klopfte Georg auf die Schulter. „Nun beruhige dich mal wieder, so bös war's nicht gemeint."

Beim Abschied wurde ausgemacht, sich an Heiligdreikönig in Grünwald zu treffen. Da kam man mit der Straßenbahn hin. So dicke hatte es keiner, dass sie sich an jedem Wochenende eine Fahrt in die Berge leisten konnten.

Der erste Arbeitstag im neuen Jahr verlief einigermaßen reibungslos. Mit dem Schnee war man fertiggeworden, und an die Kälte gewöhnte man sich. Das Hauptproblem war die Glätte. Beim Aufspringen auf eine fahrende Garnitur kam es auf den festen Griff an. Das Abspringen war noch gefährlicher. Es war besser, zu warten, bis die Lok stand, zumindest aber schon abgebremst hatte. Das galt auch für die Lokfahrt zur Kantine. Georg war beim üblichen Wasserauffüllen zu hastig gewesen und hatte einen dicken Wasserstrahl abbekommen. Sein inzwischen auch recht schmieriger Arbeitskittel war wasserabweisend wie eine Ölhaut, und der Guss machte ihm nichts aus. Trotzdem gab es ein schadenfrohes Gelächter.

Gemeinsam mit der Lokbesatzung betraten sie die Kantine und setzten sich an einen Ecktisch in die Nähe des Heizkörpers, der eine wohlige Wärme ausstrahlte. Georg hatte sei-

nen Kittel an den Haken gehängt und rieb sich, von einem letzten Kälteschauer geschüttelt, die klammen Finger. Xari zog an seiner Zigarette und sagte zu Georg gewandt „De Kält'n derf doch Schifahrer nix doa, de san eh den ganzen Dog draußen." Gustl, der Georg gegenübersaß, lehnte sich grinsend zurück und ergänzte ironisch: „Und wos dean s' do? Erscht hatsche 'nauf, auf eahne Piz Palü, und nacha rutschen s' auf zwoa krummen Brettln wia deppert wieda abi." Da konnte Seb doch nicht zurückstehen. „Des machens' wia mit an Hustensaft. Dreimal täglich auf nüchternen Mog'n." Am lautesten lachte der Lokführer.

Georg beherrschte sich, faltete die Hände und seine Stimme klang wenig freundlich, als er salbungsvoll antwortete: „Ja, ja ihr lieben Kollegen, und das alles mit dem Segen des heiligen Christophorus, rezeptfrei und ohne Freifahrtschein." Er holte sich an der Theke eine zweite Tasse Bouillon und stellte tief betrübt fest: „Freunde, hier trennen uns Welten!"

An Heiligdreikönig hatte Georg den Nachmittag frei. Als er in Grünwald aus der Straßenbahn stieg, konnte er den Weg nicht verfehlen. Dieser Ort vor den Toren Münchens war wie geschaffen für einen Familienausflug. Schnee gab's heuer genug, und der herrliche Sonnenschein hatte Alt und Jung, mit Kind und Kegel ins Freie gelockt. Das bescheidene Wintersportgebiet schien schon bessere Tage gesehen zu haben. Wie verloren stand das halbverfaulte Holzgerüst einer Sprungschanze am Anfang der Skiwiese und der Auslauf war zum bevorzugten Platz der Rodler geworden. Die Skiläufer verteilten sich weiter hinten auf dem langgezogenen Hang, der längere Abfahrten nicht zuließ. Drei, vier Schwünge und man war unten und musste sich entscheiden, ob man den Hang in mühsamer Grätsche erklimmen wollte oder besser die Skier wieder abschnallte und zu Fuß hinaufging.

„Achedah!" Der ehemalige Stukaschlachtruf hatte sich in der Gruppe durchgesetzt und im Nu war der harte Kern ohne langes Suchen beisammen. Georg war nicht wenig stolz, mit welcher Selbstverständlichkeit er dazugehörte. Die herzliche Begrüßung reihum, die spritzigen Wortgefechte und das muntere Geplänkel mit der holden Weiblichkeit sorgten für gute Laune. Dazu Sonne und Schnee, was wollte man mehr! Die fröhliche Stimmung hätte im Gebirge nicht besser sein können.

Als sie gegen Abend die hintere Plattform eines Einsatzwagens der Linie 25 stürmten, musste Georg an Seb denken. Das war doch mehr als nur ein „Hustensaft – dreimal täglich auf nüchternen Magen!"

Bruno Radowski

Weihnachten hat so eine *Unaufhaltsamkeit*

… denn Weihnachten hat
so eine Unaufhaltsamkeit
im Näherkommen.
Bei diesem Fest merkt man's besonders,
wie das Tempo der Welt nicht mehr
auf es Rücksicht nehmen mag,
so ein Fest hat langsam zu kommen,
wie damals als man Kind war,
da zählte man und wartete
und es war trotzdem noch weit,
das gehört dazu, dieser langsame Advent,
nun rast man im Lebens-Schnellzug darauf zu,
hält an keiner Station,
und es ist nicht mal sicher,
dass man in „Weihnachten" halten wird,
drei Minuten vielleicht – und weiter
auf die große Stadt Neujahr zu,
wo's endlich ein kleines Aussteigen gibt
und Händewaschen.

Rainer Maria Rilke
Auszug aus einem Brief an Nanny Wunderly-Volkart,
15. Dezember 1922

Am *Anfang* war das *Wort*

Es wird einmal ein alter Mann sein, der im Jahre 2078, so stelle ich mir vor, den Zug besteigt, um endlich jene Reise zu machen, die schon seit 76 Jahren hätte sein sollen.

Er wird im Altersheim nicht zum Frühstück erscheinen, nicht zum Mittagessen, nicht zum Abendessen. Es wird im Heim eine Aufregung sein. Man wird seine Tischnachbarn fragen, ob sie etwas wüssten. Niemand weiß etwas.

„Doch", sagt einer, „er sagte immer so Wörter – er sagte tagelang ‚Samarkand' und ‚Salamanca' und ‚Salerno', er sagte ‚Santa Cruz' und er sagte ‚Alexandria', aber er sagte nur die Wörter, sonst nichts, nur die Wörter oft den ganzen Tag ‚Salamanca', wie wenn es eine alte Geliebte wäre."

Ich sitze kurz vor Weihnachten – 76 Jahre vorher – in der Eisenbahn, kurz vor Zürich kommt die Durchsage: „Nächster Halt Zürich – der Zug fährt weiter nach Zürich-Flughafen, Winterthur, Gossau, Sankt Gallen."

Mir fällt auf, dass die Sprecherin das „O" in „Gossau" übermäßig dehnt, auf der Zunge schmelzen lässt, und nun gleich die Stimme eines Kindes ein paar Sitze vor mir. Es wiederholt: „Gooossau, Gooossau", und dann: „Hast du gehört, Mama, Goossau hat sie gesagt. Goossau." Die Mutter reagiert eher unwirsch, sie hat wohl schon Ähnliches erlebt mit anderen schönen Wörtern, aber der Kleine insistiert: „Doch, Goossau hat sie gesagt" und nach einer Pause, in der nicht nur ihm, sondern auch mir und sicher auch seiner Mutter das Wort im Kopf herumhämmerte: „Mami, wir gehen nach Gossau." „Nein, wir gehen nach Winterthur", sagt sie, „das weißt du ganz genau, wir gehen immer nach Winterthur." „Sie hat aber Gossau gesagt, wir gehen nach Gossau", sagt der Kleine. Nein, er

sagt nicht: „Ich will nach Gossau." Er bittet und bettelt nicht, er wünscht nicht, er tobt nicht, er stellt nur gelassen fest, dass wir nach Gossau gehen. Bereits überlege ich mir, ob ich meinen Termin in Zürich fahrenlassen und nach Gossau gehen soll. Der Kleine hat das Wort zum Klingen gebracht. Gossau ist jetzt nicht mehr einfach die Bezeichnung eines Orts, der ihm und mir fremd ist, das Wort hat jetzt Klang – Klang wie der hässliche Name einer schönen Frau, die man liebt.

„Gossau ist viel zu weit weg, das ist fast in Sankt Gallen", sagt jetzt die Mutter. „Das macht nichts, ich habe dem Vater gesagt, wir werden lange reisen."

Zürich – ich steige aus.

Ich nehme an, dass die beiden in Winterthur ausgestiegen sind. Und ich nehme an, dass dies der Kleine ohne murren akzeptiert hat, dass er still neben seiner Mutter hergetrottet, ist und Gossau gesagt hat – mehrmals und immer wieder.

Als Kind beschloss ich, einmal nach Eisenach zu gehen. Das Wort setzte sich in meinem Kopf fest – Eisenach. In einem der wenigen Bücher, die wir zu Hause hatten, im „Großen Lutherbuch", war ein alter Stich von Eisenach, nächtlich dunkel mit einem erleuchteten Fenster wie auf einem Adventskalender. Aber viel mehr als dieses Bild hatte es mir der Klang des Wortes angetan, und der Wunsch, nach dort zu gehen, setzte sich für immer fest, umso mehr, als es dann nach dem Krieg zu umständlich geworden war zu gehen: Eisenach lag in der DDR. Das nahm mir die Last ab, den Wunsch zu verwirklichen. Aber inzwischen bin ich schon oft mit der Bahn an Eisenach vorbeigekommen. Ich habe das Bahnhofsschild nie verpasst, da steht es groß und schwarz auf weiß: „Eisenach". Ich freue mich jedes Mal, wenn ich es sehe, wie wenn ich eigentlich nicht den Wunsch nach einer Stadt gehabt hätte, sondern nur nach einem Wort, einem Namen, der hier in Eisenach auf dem Bahnhof seine aktuelle Realität bekommt. Hier auf dem Bahnhof, wo die Stadt, die ich nie gesehen habe, beginnt – am Anfang war das Wort.

Aber zurück zu unserer Geschichte, zurück ins Jahr 2078: Der alte Mann also, der als Kind einmal kurz vor Weihnachten seine Mutter davon überzeugen wollte, dass sie zusammen viel weiter fahren werden als nur bis Winterthur, geht zum Bahnhof, kauft sich eine Fahrkarte und fährt, weil das in diesem Leben jetzt endlich noch sein muss, nach Gossau. Und wäre das eine Geschichte, dann würde er sich dort in die Bahnhofskneipe setzen, würde einen Zweier Roten bestellen und auch gleich bezahlen und würde vor diesem Roten einschlafen – für immer.

Aber das ist keine Geschichte, sondern die Wirklichkeit, und in Wirklichkeit wird er in Gossau aussteigen und wird auf dem Bahnhofsschild den wunderschönen Namen „Gossau" weiß auf blau lesen, wird den Namen auch tonlos mit den Lippen nachbilden wie ein lesendes Kind, wird sich dann auf eine Bank setzen und auf den nächsten Zug warten und mit ihm zurückfahren ins Altersheim.

Peter Bichsel

Der *irre* Zug
Eine wunderliche Geschichte

Am Bahnhof in Horsk herrschte fieberhafter Verkehr. Es war kurz vor dem Fest, ein paar freie Tage standen bevor, eine willkommene Jahreszeit. Der Bahnsteig wimmelte von An- und Abreisenden. Erregte Frauengesichter huschten vorbei, farbige Hutbänder flatterten, bunte Schals fitzten, hier schlängelte sich ein schlanker Zylinder eines vornehmen Herrn durch die Menge, da hob sich die schwarze Soutane eines Geistlichen ab; im Bogengang drängten die blauen Kragen der Militärs, daneben die grauen Arbeiterkittel.

Buntes Treiben brodelte und ergoss sich, gefasst in den engen Rahmen des Bahnhofs, rauschend über dessen Ufer. Der chaotische Lärm der Passagiere, die Zurufe der Gepäckträger, das Pfeifen der Signale, das Zischen des abgelassenen Dampfes flossen zu einer schwindelerregenden Symphonie zusammen, in der man sich verlor und sein geschrumpftes, betäubtes Ich der Welle des mächtigen Elementes hingab, damit sie es trage, schaukle, berausche …

Das Personal arbeitete emsig. Alle Augenblicke tauchten aus dem Lärm einmal hier, einmal dort die roten Käppis der Bahnbeamten auf, die Befehle ausriefen, die Zerstreuten von den Gleisen wiesen, die Züge im Augenblick der Abfahrt mit scharfem und wachem Blick begleiteten. Die Schaffner tummelten sich pausenlos, mit nervösen Schritten die langen Waggonreihen durchlaufend, die Fahrdienstleiter-Bahnhofspiloten gaben kurze und exakte Instruktionen – Zeichen zum Abflug. Alles ging in lebhaftem, nach Minuten, Sekunden abgemessenem Tempo vor sich – die Augen aller prüften unwillkürlich die Zeit am doppelten weißen Zifferblatt oben.

Trotzdem hätte ein gelassener, abseits stehender Zuschauer nach kurzer Beobachtung einen Eindruck bekommen, der

mit dieser scheinbaren Ordnung der Dinge nicht überein-
stimmte.

Als hätte sich etwas in den durch Vorschriften und Tradition
genormten Ablauf der Handlungen eingeschlichen: Ein un-
bestimmbares, obwohl bedeutendes Hindernis hatte sich
der geheiligten Zuverlässigkeit des Verkehrs in den Weg gestellt.

Man merkte es den nervösen Gesten der Menschen an, den
unruhig hin und her geworfenen Blicken, dem erwartungs-
vollen Ausdruck der Gesichter. Etwas war faul geworden in
dem bis dahin vorbildlichen Organismus. Irgendeine unge-
sunde Strömung hatte ihn mit hundert verästelten Arterien
unterwandert und drang nun durch halbbewusstes Aufblit-
zen an die Oberfläche.

Mit ihrem Eifer wollten die Eisenbahner, das sah man, die
rätselhafte Unruhe überwinden, die heimlich in den perfek-
ten Mechanismus gedrungen war. Jeder verdoppelte und
verdreifachte sich, um das beunruhigende Gespenst gewaltsam abzuwürgen, durch vorbildliche Arbeitsdisziplin den
Automatismus, das langweilige, aber sichere Gleichgewicht
der Funktion zu erhalten.

Es war ja ihr Bereich, ihr „Revier", aus vielen Jahren flei-
ßiger Übung vertraut, ein Gebiet, auf dem sie sich, wie es
schien, vorzüglich auskannten. Sie waren die Vertreter dieser Arbeitskategorie, dieser lebenswichtigen Aufgaben: Für
sie, die Eingeweihten, war hier nichts unklar, sie waren die
Repräsentanten des ganzen komplizierten Netzes von Be-
schäftigungen, die einzigen Exponenten, die keinerlei Rätsel
überraschen konnte, überraschen durfte. Denn alles war seit
Jahren berechnet, erwogen, vermessen, denn nichts, und sei
es noch so kompliziert, hatte hier jemals die menschlichen
Begriffe überschritten; hier herrschte überall die Genauig-
keit des Maßes ohne Überraschung, die Regelmäßigkeit der
sich wiederholenden, im Voraus berechneten Ereignisse!

Sie fühlten sich irgendwie solidarisch, verantwortlich vor der kompakten Masse der Reisenden, denen man Ruhe und absolute Sicherheit garantieren musste.

Aber ihre innere Unsicherheit teilte sich dem Publikum mit, ging von ihnen als eine Welle der Erregung aus und floss zu unbestimmten, die Passagiere unterwandernden Strömungen auseinander.

Handelte es sich wenigstens um einen „Zufall", den man zwar nicht voraussehen konnte, der sich jedoch später, aus dem Augenblick der Erfüllung, zurückführen ließe auf das, was ihm vorausgegangen war – sicher ständen sie, die Experten, auch vor einem Zufall ratlos, wenn auch nicht verzweifelt da. Aber hier ging es um etwas ganz und gar anderes.

Es begab sich etwas Unberechenbares wie eine Chimäre, etwas Kapriziöses wie der Wahn, und dieses Etwas strich mit Schwung den uralten Zusammenhang der Ereignisse durch.

Also schämten sie sich vor sich selber und vor den anderen, die außerhalb ihres Berufes standen.

Im Augenblick ging es vor allem darum, dass sich die „Sache" nicht herumsprach, dass das „breite Publikum" nichts erführe: es musste alle mögliche Mühe darauf verwandt werden, dass die „wunderliche Geschichte" nicht in den Tagesblättern ruchbar würde, dass um jeden Preis ein „Skandal" vermieden würde.

Bis jetzt war die Sache geheim geblieben. Eine seltsame Solidarität verband diese Menschen im Ausnahmefall: Sie schwiegen. Nur die beredten Blicke, die eigenartigen Gesten und das Spiel der gesuchten Worte machten die Verständigung möglich. Das Publikum wusste noch nichts.

Und die „Sache" war wirklich sonderbar und rätselhaft.

Eines Tages war auf den Strecken der Staatlichen Eisenbahn ein Zug aufgetaucht, der in dem öffentlichen Ver-

zeichnis nicht erfasst, in den Fahrplan der Kurswagen nicht aufgenommen war, mit einem Wort: ein Eindringling ohne Berechtigung und ohne Erlaubnis. Man wusste nicht einmal zu bestimmen, welchen Typ er darstellte und aus welcher Fabrik er kam, denn die kurze Spanne Zeit, die er sich bei jedem Auftauchen beobachten ließ, gestattete keinerlei Orientierung. Jedenfalls, nach der geradezu unwahrscheinlichen Geschwindigkeit zu urteilen, mit der er vor den Augen der erstaunten Zuschauer vorüberraste, musste er eine sehr hohe Position in der Rangordnung der Verkehrsmittel einnehmen, er war zumindest ein Blitzzug.

Doch die am meisten beunruhigende Tatsache war seine Unberechenbarkeit. Der Eindringling erschien einmal hier, einmal dort, fuhr plötzlich mir nichts, dir nichts von irgendwo aus einer entlegenen Zone des Eisenbahnnetzes ein, durchflog mit satanischem Geräusch die Bahnsteige und verschwand in der Ferne: Heute sah man ihn neben dem Bahnhof M., morgen tauchte er irgendwo auf freiem Feld hinter der Stadt W. auf, ein paar Tage später flitzte er mit bestürzender Wucht am Wärterhäuschen in der Gegend der Station G. vorbei.

Zunächst hatte man gedacht, der rasende Zug gehöre dem amtlichen Bestand an, und nur der Nachlässigkeit oder dem Irrtum der Bahnbeamten zufolge hätte seine Identität bis jetzt nicht festgestellt werden können. Fahndungen setzten also ein, endlose Meldungen, gegenseitige Rückfragen der Stationen – alles ohne Erfolg. Der Eindringling machte sich einfach lustig über die Anstrengungen der Funktionäre, indem er gewöhnlich dort auftauchte, wo man ihn am wenigsten erwartet hatte.

Besonders niederschlagend wirkte der Umstand, dass man ihn nirgends ertappen, nirgends einholen oder anhalten konnte. Die mehrmals zu diesem Zwecke anberaumte Verfolgung mit einer der auserlesensten Maschinen, die im vollen Sinne des Wortes als letzter Schrei der modernen Technik galt, hatte mit einem Fiasko geendet; der wunderliche Zug machte das Rennen ohne jegliche Hemmung.

Da begann eine übertriebene Angst und eine dumpfe, von Furcht gedämpfte Wut die Leute zu ergreifen. Die Sache war wahrhaftig unerhört! Seit Jahren verkehrten die Wagen nach einem im Voraus festgelegten Fahrplan, den man in den Direktionen entwarf, in den Ministerien bestätigte, im Verkehr verwirklichte – seit Jahren konnte man alles berechnen, ungefähr voraussehen, und wenn ein „Fehler" oder ein „Versehen" passierte, das korrigieren, logisch erklären –, da aber schlitterte plötzlich ein ungebetener Gast auf die Gleise, verdarb die Ordnung, sprach den Vorschriften Hohn, träufelte in den eingespielten Organismus den Gärstoff der Unordnung und der Verstimmung!

Ein Glück, dass dieser Frechling noch keine Katastrophe verursacht hatte. Das war überhaupt ein Umstand, der von Anfang an stutzig machte. Immer war die Strecke, die dieser Zug befuhr, im gegebenen Augenblick frei: Der Rasende hatte bis jetzt seltsamerweise keinen Zusammenstoß auf dem Gewissen. Doch das konnte täglich anders werden, um so mehr, da er allmählich eine gewisse Neigung dazu verriet. Nach einiger Zeit hatte man mit Entsetzen in seinen Bewegungen eine Absicht festgestellt, mit den fahrplanmäßig kursierenden Genossen in Berührung zu kommen. Während es zunächst geschienen hatte, als meide er ihre Nähe, indem er stets in respektabler Entfernung vor oder hinter ihnen erschien, tauchte er nun in immer kürzeren Zeitabständen dicht hinter dem Rücken seiner Vorläufer auf. Einmal war er schon dicht am Expresszug auf der Strecke nach O. vorbeigeflitzt, vor einer Woche war er knapp an dem Personenzug auf der Strecke zwischen S. und F. vorbeigekommen, unlängst hatte

er nur wie durch ein Wunder den Weg des Eilzuges aus W. glücklich gekreuzt.

Die Bahnhofsvorsteher zitterten bei den Nachrichten von diesen ungewöhnlichen Ausweichmanövern, die man allein den doppelten Gleisen und der Geistesgegenwart der Lokomotivführer zuschrieb. Ähnliche „wunderbare Rettungen" kamen in letzter Zeit immer häufiger vor, aber die Chancen eines glücklichen Ausgangs dieser Begegnungen wurden mit jedem Tag sichtlich kleiner.

Der Eindringling ging aus der Rolle des Verfolgten zu der aktiven Rolle des Verfolgers über, wie durch einen magnetischen Antrieb dazu gedrängt, alles, was regelmäßig und genormt war, zu stören, er wurde zur Gefahr einer unmittelbaren Destruktion der Dinge der alten Ordnung. Die Geschichte konnte jeden Tag tragisch enden.

Deshalb führte auch der Fahrdienstleiter in Horsk seit einem Monat ein überaus strapaziöses Leben. In ständiger Furcht vor dem unerwünschten Besuch wachte er fast ununterbrochen, ohne bei Tag und bei Nacht seinen Posten zu verlassen, der ihm vor kaum einem Jahr zum Zeichen der Anerkennung für seine „Energie und ungewöhnliche Spannkraft" anvertraut worden war. Seine Stellung war wichtig, denn der Bahnhof Horsk war Knotenpunkt von ein paar wesentlichen Bahnstrecken und Verkehrsmittelpunkt eines ganzen Landesteiles.

Gerade heute, in Anbetracht des unerhörten Andrangs der Fahrgäste, war die Arbeit in einer derart angespannten Situation überaus beschwerlich.

Es wurde allmählich Abend. Die elektrischen Lampen leuchteten auf, die Scheinwerfer warfen ihre mächtigen Lichtbahnen. Die Gleise strahlten im grünen Licht der Weichen düster in metallischem Glanz, wanden sich mit ihren kalten Bändern wie eiserne Schlangen. Hier und da flimmerte im Dämmer das schwache Lämpchen eines Schaffners auf, blitzte das Signal des Bahnwärters. In der Ferne, weit, weit hinter dem Bahnhof, dort, wo die smaragdenen Augen der Laternen bereits erloschen, formte das Stationssemaphor seine Zeichen.

Soeben hob es sie aus der Waagerechten, zog einen Winkel von 45 Grad und verharrte in der Schrägen. Der Personenzug aus Brzesk fuhr ein.

Schon war der keuchende Atem der Lokomotive zu hören, das regelmäßige Rattern der Räder, schon wurde vorn die hellgelbe Brille sichtbar. Der Zug rollte in den Bahnhof.

Aus offenen Fenstern wehen goldene Kinderlocken, blicken neugierige Frauengesichter, Tücher flattern zur Begrüßung.

Die Flut der am Bahnsteig Wartenden drängt sich gewaltsam zu den Waggons vor, ausgestreckte Arme eilen beiderseits zueinander …

Was aber bedeutet dieser Lärm von rechts?! Entsetzliche Pfeiftöne zerreißen die Luft. Der Vorsteher schreit etwas mit heiserer, wilder Stimme.

„Weg da! Zurücktreten, fliehen Sie! Lass den Bremsdampf ab! Zurück! Zurück! … Ein Unglück!"

Die Menge wirft sich im geschlossenen Andrang gegen die Schranken und bricht sie entzwei. Die irren Augen blicken instinktiv nach rechts, wo das Personal hinstürzte, und sie sehen spasmatische, ziellos wilde Schwingungen der Laternen, die irgendeinen Zug aufhalten wollen, der in voller Fahrt aus der entgegengesetzten Richtung auf demselben Gleis daherrast, das vom Personenzug aus Brzesk besetzt ist. Den Wirbelsturm der Pfiffe durchschneiden verzweifelte Horntöne und der höllische Lärm der Leute. Umsonst! Die unerwartete Lokomotive naht mit einer schwindelerregenden Schnelligkeit; ihre riesigen grünen Augen sprengen die Dunkelheit mit gespenstischem Blick, die mächtigen Kolben kreisen mit märchenhafter, rasender Präzision …

Aus tausend Lungen reißt sich ein von schrecklicher Angst, von bodenloser Panik geschwellter Schrei empor:

„Er ist es! Der irre Zug! Der Rasende! Hinlegen! Hilfe! Hinlegen! Wir sind verloren! Hilfe! Wir sterben!"

Eine gigantische, graue Masse überrollt die liegenden Leiber, eine aschfahle, neblige Masse mit durchsichtigen Fensteröffnungen – ein satanischer Durchzug wird spürbar, der aus diesen offenen Löchern weht, man hört das Knattern der wahnsinnig flatternden Vorhänge, erkennt die gespenstischen Gesichter der Passagiere …

Da aber geschieht etwas Seltsames. Der irre Zug, statt den bereits ereilten Genossen gierig zu zerschmettern, durchfliegt ihn wie ein Nebel; einen Augenblick sieht man, wie zwei Waggonreihen sich ineinanderschieben, wie die Wagenwände sich lautlos aneinander reiben, wie sich die Kolben und Speichen der Räder in einer paradoxen Osmose gegenseitig durchdringen – noch eine Sekunde und der Fremdkörper, der soeben mit blitzartiger Furie den festen Organismus des Zuges durchflogen hatte, löst sich irgendwo im Felde auf der anderen Seite im Wind auf. Es wird still …

Auf dem Gleis vor dem Bahnhof steht ruhig der unversehrte Personenzug aus Brzesk. Ringsherum Stille, nur von den Wiesen, weit in der Ferne, dringt das gedämpft Zirpen der Zikaden, nur in den Drähten, oben, fließt das brummige Geschwätz des Telegrafs …

Die Leute auf dem Bahnsteig, das Personal, die Beamten wischen sich die Augen und starren einander erstaunt an.

„Ist es wahr oder ist es ein böser Spuk?"

Langsam sammeln sich die Blicke aller, vom gemeinsamen Impuls geleitet, auf dem Zug aus Brzesk. Er steht immer noch taub und stumm da. Nur die Lampen innen brennen mit gleichmäßigem, ruhigen Licht, nur in den offenen Fenstern spielt ein Lüftchen leicht mit den Gardinen …

In den Wagen herrscht Totenstille; niemand steigt aus, niemand lehnt sich hinaus. Durch die beleuchteten Vierecke der Fenster sieht man die Passagiere: Männer, Frauen und Kinder; alle heil, unverletzt – niemand hat die geringste Quetschung davongetragen, aber ihr Zustand ist seltsam und rätselhaft …

Alle stehen aufrecht, die Gesichter in jene Richtung gewendet, in der der Gespensterzug verschwand; irgendeine Kraft hat diese Menschen nach einer Seite hin verhext und hält sie in stummer Erstarrung; die ausgestreckten Arme zeigen auf ein unbekanntes, sicherlich fernes Ziel – die nach vorn geneigten Körper, die vorgebeugten Torsi streben ins Weite, irgendwohin in ein fernes, nebuloses Land, und die vor Angst und Entzücken glasigen Augen ertrinken im Raum.

So stehen sie und schweigen: Kein Muskel zuckt, kein Lid senkt sich. Sie stehen und schweigen …

Denn ein seltsamer Luftzug ist durch sie gegangen, denn ein großes Erwachen hat sie berührt, denn sie waren schon … Irre!

In diesem Augenblick ertönen starke und bekannte, in die sichere Alltäglichkeit gebettete Klänge – kraftvolle Schläge, wie die eines Herzens, wenn es gegen den gesunden Brustkorb hämmert –, die gleichmäßigen Geräusche der Gewohnheit, die seit Jahren dasselbe verkünden …

„Bim-bam" – und Pause – „bim-bam … bim-bam."

Weiter gehen die Signale.

Stefan Grabiński

Der *Weihnachtszug*

In diesem Bahnposten wohnte vor vielen Jahren der Bahnwärter Wassil mit seiner kleinen Tochter Malina.

Seine Aufgabe war es, die gefährliche Bahnstrecke mit den vielen Tunnels, eingeklemmt zwischen hohen Bergen, zu überwachen.

Auch an jenem Nachmittag vor dem Heiligen Abend überprüfte Wassil die Bahnstrecke. Malina schmückte inzwischen den Christbaum mit selbstgebastelten Sternen. Sie freute sich auf das Geschenk, das ihr der Vater versprochen hatte.

Plötzlich hörte sie ein schreckliches Donnern. Der Hund Belo begann zu jaulen und an der Tür zu kratzen. „Das kann nur ein Felssturz sein!", rief Malina und rannte angsterfüllt hinaus.

Tatsächlich, mitten auf den Schienen lag ein riesiger Felsblock. Malina war verzweifelt.

„Der Express kommt doch in einer halben Stunde!

Was soll ich jetzt tun?

Was würde Papa machen?

Ich muss den Lokführer warnen!"

Schnell überlegte sie und eilte ins Haus zurück.

„Vierhundert Meter vor der Unglücksstelle ein Feuer machen und eine Laterne schwenken", so sagte Papa doch immer. Kurzentschlossen packte sie den Weihnachtsbaum, achtete nicht auf den Schmuck und riss die große Eisenbahnlaterne vom Haken.

Dann rannte sie nur noch.

Es blieb ihr kaum eine Viertelstunde Zeit.

Mit der angezündeten roten Laterne stolperte sie atemlos durch den Tunnel, dann wieder hinaus und immer weiter zwischen den Geleisen, bis sie den Ausgang des zweiten Tunnels vor sich sah. Schon hörte sie den Zug kommen.

Rasch zündete sie ihren Weihnachtsbaum an, und schon schoss der Express aus dem schwarzen Loch, rasend und donnernd wie immer. Da zuckte der Lokführer vor Schreck zusammen. Vorne sah er ein helles Feuer und ein Kind, das eine große, rote Laterne schwenkte. Im Nu schloss er den Dampfregler und zog die Notbremse. Die Sirene heulte. Der schwere Zug erzitterte und kam kreischend und keuchend allmählich zum Stehen.

In den Luxus-Salonwagen flog alles durcheinander: Fahrgäste, Kellner, Suppenschüsseln, gebratene Fische, Torten! Das war eine Sache!

Direkt vor Malina blieb die riesige, fauchende Lokomotive stehen. Der Lokführer und der Zugführer sprangen aus dem Zug und rannten auf das Mädchen zu. Der Lokführer erkannte sie! „Da vorne, vor dem großen Tunnel, ist ein Fels heruntergestürzt! Deshalb musste ich den Zug anhalten", erklärte Malina. Die beiden Männer erstarrten.

Inzwischen ging die Nachricht vom Felssturz durch den ganzen Zug, und bald wusste jeder, dass die kleine Malina alle gerettet hatte.

„Das Kind ist doch halberfroren!", rief jemand, nahm Malina bei der Hand und führte sie in den gutgeheizten Speisewagen.

Die Fahrgäste besprachen sich leise und geheimnisvoll, und plötzlich war Malina von Geschenken überschüttet. Dann stand ihr Vater in der Tür. In den Händen trug er ein schneeweißes Lämmchen mit schwarzen Flecken hinter den Ohren. Sie rannte zu ihm. Das war ihr Weihnachtsgeschenk. „Komm, Papa", sagte sie, „wir gehen nach Hause, Belo wartet sicher schon."

Der Zugführer brachte ihnen als Dank einen neuen Christbaum, den er am Bahndamm abgeschnitten hatte, und nun endlich konnten sie Weihnachten feiern.

Woher ich das alles weiß? Ganz einfach: Auch ich habe ein-

mal Weihnachten in diesem Bahnposten gefeiert, zusammen mit meiner Tante Malina und meinem Großvater, dem Bahnwärter Wassil.

Ivan Gantschev

Hubert in *Hof*

(Zur Begrüßung Huberts v. H.
am 2. Weihnachtsfeiertag 1887)

Hubert der Maler – am Isarstrand
sitzt er in Bajuvarenland.

Er sitzt und sinnt: Wohl bin ich froh
in der Mönchestadt, in Monaco,
wohl trink' ich hier Weihen-Stephan am Quell,
und doch mein Aug', es wird trüb und hell,
mein Aug', es sieht, als wär' es im Traum,
am Lützowplatz einen Weihnachtsbaum.
Es geht nicht länger, ich will nach Haus,
mir geht hier Laun' und Stimmung aus,
ich reis' auch gleich, ohne lange zu schreiben,
und wenn fünf Minuten in Hof wir bleiben,
so telegrafier' ich nach Berlin-West:
„Komme noch heute, komme zum Fest.
Hubert in Hof."

Gesagt, getan. Er nimmt ein Billett.
Ei, das Reisen, es ist doch nett,
der Wagen ist warm, die Sitze sind breit,
und draußen so still. Und wie hübsch es schneit.
„Ich mache mir nichts aus Sturm und Regen,
aber Schnee, der komme meinetwegen,
den schüttelt man ab, der macht nicht nass,
Schneewetter, vor allem lieb' ich das,
Schnee dämpft selbst des Eilzugs Gestöhn
und Gedröhn,
Schnee ist bloß hübsch, Schnee ist bloß schön!"

So Hubert, als er in erster Stund'
in Nähe von Freysing sich befund.
Auch in Ingolstadt noch. Aber schon bei Fürth
die Sache ziemlich bedenklich wird,
es schneit und schneit, es fällt und fällt,
ein Schneehaufe wird die ganze Welt,
Bäume, Dächer, Kirchturmspitzen,
alle schon tief in der Kappe sitzen,
und als die Maschine, die längst nicht mehr
fleucht,
sich bis nach Hof hin durchgekeucht,
da sitzen sie fest, der Zug steht still,
die Wand nicht weiter sich öffnen will,
und die Schaffner rufen: „Aussteigen; zu Nacht
wird vorläufig hier Quartier gemacht."
Entsetzen, Lachen, Fluchen, Gewimmer,
alles stürzt in das Wartezimmer,
nur einer kennt eine höhere Pflicht,
er telegrafiert: „Erwartet mich nicht.
Eingeschneit. Macht euch keine Sorgen.
Ich sitze hier fest, komm' also morgen.
Hubert in Hof."

Das klang noch zunächst vergnüglich fast,
aber die Länge, sie hat die Last,
ihr alle kennt den Ausspruch ja:
„Früh um acht in Potsdam, was soll ich da?"
Und Potsdam ist immer doch Potsdam noch,
aber „Hof", da reißt denn der Faden doch;
wen kann es trösten, wer kann dran genesen,
dass Jean Paul in Hof auf der Schule gewesen?

Und der Wartesaal! Himmel, welche Gerüche,
Dunst und Wrasen aus Keller und Küche,
von Stiefelsohlen die Schneekrustenschmelze,
Zigarren aus Östreich, Judenpelze,
Körbe mit Eiern, mit Hering, mit Käse,
Kanonenöfen mit Glutgebläse,
Zwiebelbeefsteak, bayrische Würste,
gepfeffert, gesalzen von wegen der Dürste.
Ja Dürste! Riesig wächst der Wunsch
nach Glühwein, Knickebein, Grog und Punsch,
Salate von Fisch, Mayonnaise von Hummer.
Manch vermostrichte Zeitungsnummer,
vier Wochen alte Kladderadatsche,
Witze, politisches Getratsche,
Harfenistinnen, Geige, Klaviergeklimper,
Courmacher, derb und mit Gezimper,
und allviertelstündlich ein neuer Rapport:
„Es schneit und schneit noch immer fort."
So sitzen sie fest und spielen Skat,
und nach Haus hin sehnt sich, früh und spat,
Hubert in Hof.

Doch Gott sei Dank, 's steht irgendwo
(Konfuz oder König Salomo),
„Ein jedes Ding hat seine Zeit",
und so hat's denn auch endlich ausgeschneit.
„Einsteigen!", erklingt das süße Wort,
und wieder norderwärts geht es fort,
Lokomotive, tapfrer Held,
schlägt sich durch bis Bitterfeld.
In Wittenberg, wie Sirenengesang,
„Apfelkuchen!", klingt es den Bahnsteig entlang,
aber Wachs ins Ohr, nur nicht kosten woll'n,
es ruft ja der bessre Weihnachtsstoll'n –

er ruft ... Und treppauf mit einem Satz
ist Hubert jetzt heim am Lützowplatz,
Hubert in Hof.

Theodor Fontane

3. Mit der **Hand am Regler** durch den *tiefen Schnee*

Schneeland

Als der Zug aus dem langen Grenztunnel herauskroch, lag das „Schneeland" vor ihm weit ausgebreitet. Die Nacht war weiß bis auf ihren Grund. An der Signalstation hielt der Zug.

Von seinem Sitz, Shimamura gegenüber, erhob sich ein Mädchen und zog das Fenster vor ihm herab. Ein kalter Schneehauch strömte herein. Das Mädchen beugte sich hinaus und rief, wie in weite Ferne:

„Herr Stationsvorsteher! Herr Stationsvorsteher!" Der langsam durch den Schnee daher stapfende Mann, der in der Hand eine Laterne trug, war bis zur Nase in einen dicken Schal gehüllt, seine Pelzmütze hatte er bis über die Ohren herabgezogen.

Wie eiskalt ist es doch schon geworden, dachte Shimamura. Er blickte hinaus. Am Fuß des Berges lagen einsam und wie fröstelnd einige Baracken, die offenbar zur Bahnverwaltung gehörten. Aber das Weiß des Schnees drang nicht bis dorthin vor, es wurde von dem Dunkel der Nacht verschluckt.

„Herr Stationsvorsteher! Ich bin's. Wie geht es Ihnen denn?"

„Oh, Yoko? Auf der Heimfahrt? Es ist ja wieder recht kalt geworden!"

„Ich hörte, Sie waren es, der meinem jüngeren Bruder hier die Arbeit vermittelt hat. Ich danke Ihnen herzlich!"

„Ich fürchte, er wird sich bald recht verlassen vorkommen. Er tut mir leid. Er ist noch gar so jung!"

„Ja, ein rechter Junge. Ich wäre Ihnen so dankbar, wenn Sie sich seiner ein wenig annehmen wollten."

„Gern. Die Tätigkeit hier macht ihm ja offenbar Freude. Und es gibt nun bald viel zu tun. Im vorigen Jahr fiel ungeheuer viel Schnee! Riesige Lawinen kamen mehr als einmal herabgestürzt, die Züge mussten halten, und das ganze

Dorf war damit beschäftigt, für die Leute zu kochen."
„Sie haben sich ja dick eingemummt! Und mein Bruder
schrieb mir erst kürzlich, er trage noch keine Weste!"
„Ich habe mir vier Kimono übereinander angezogen. Das
junge Volk freilich trinkt, wenn die Kälte kommt, lieber aus-
giebig Sake und taumelt dann todkrank ins Bett!"
Er schwenkte seine Laterne in Richtung des Bahngebäudes.
„Trinkt mein Bruder auch so?" „Nein, nein."
„Und Sie sind auch auf dem Weg nach Hause?"
„Ich hatte einen kleinen Unfall und muss zum Arzt."
„Oh, hoffentlich ist's nicht schlimm!"
Der Bahnhofsvorsteher, der über seiner japanischen Klei-
dung einen Mantel von westlichem Schnitt trug, wollte of-
fenbar das Gespräch schnell beenden. Er drehte ihr bereits
den Rücken zu, während er ihr noch zurief:
„Alles Gute für Sie! Auf Wiedersehen!"
„Hören Sie: Hat mein Bruder heute Dienst?"
Yoko ließ ihre Augen eilig über die Schneelandschaft schwei-
fen.
„Herr Stationsvorsteher! Bitte, kümmern Sie sich ein wenig
um ihn! Bitte!"
Ihre Stimme war so schön, dass man fast wehmütig wurde.
Der hohe Klang war wie der Widerhall des Schnees in der
Nacht.
Der Zug setzte sich bereits in Bewegung, aber sie beugte
sich noch immer hinaus. Als der Wagen den neben dem Ge-
leise einherstapfenden Stationsvorsteher einholte, rief sie:
„Hören Sie, bitte! Bitte, sagen Sie meinem Bruder, er möge
doch, wenn er Urlaub hat, nach Hause kommen!"
„Jaaa …", hallte die Stimme des Mannes laut zurück.
Yoko schloss das Fenster und kühlte ihre geröteten Wangen
mit beiden Händen.
Mit drei Schneepflügen war man hier in den Grenzbergen
auf größere Schneefälle vorbereitet. Für eine Katastrophe

waren am nördlichen und südlichen Ausgang des Tunnels elektrische Lawinenmeldeanlagen eingerichtet. Außer fünftausend Schneeräumern standen noch zweitausend Leute der Feuerwehrjugend zur Verfügung.

Als Shimamura sich klarmachte, dass Yokos jüngerer Bruder von diesem Winter an für die Signalanlage hier tätig war, die sicher eines Tages unter einer Lawine begraben lag, betrachtete er das Mädchen mit noch größerer Aufmerksamkeit.

Ich wähle das Wort „Mädchen" hier nur deswegen, weil es Shimamura als ein solches erschien. Er konnte natürlich nicht wissen, in welchen Beziehungen es zu dem Manne stand, den es begleitete. In ihrem Auftreten wirkten beide wie ein Ehepaar, der Mann war offensichtlich krank. Und die natürliche Distanz zwischen Mann und Frau wird ja kleiner, wenn der Mann krank ist. Je hingebungsvoller dann die Frau für diesen Mann sorgt, desto mehr gleichen beide einem Ehepaar. Die Mütterlichkeit einer jungen Frau, die einen älteren Mann betreut, schafft ganz von selbst eine Atmosphäre ehelicher Verbundenheit.

Als Shimamura sie sich aber ganz bewusst von ihrem Begleiter getrennt vorstellte, war er plötzlich überzeugt, sie sei noch unverheiratet, ein Mädchen. Vielleicht glaubte er es jedoch nur deswegen so fest, weil er sie vorher unter gar seltsamen Umständen angestarrt hatte.

Es war vor drei Stunden gewesen. Um sich die Zeit zu vertreiben, bewegte er den Zeigefinger seiner linken Hand spielend hin und her und fühlte ganz plötzlich, wie sich eigentlich nur dieser eine Finger zärtlich und warm an die Frau erinnerte, die er nun zu besuchen auf dem Wege war. Bei aller Unzuverlässigkeit seiner Erinnerung, die ihm, je mehr er sich um sie bemühte, immer mehr entglitt, erschien ihm dieser Finger von der Berührung ihrer Haut noch ein wenig feucht. Ihm war ganz seltsam zumute. Es

war ihm, als zöge ihn dieser eine Finger zu ihr in die Ferne hin. Er hob ihn zur Nase, ob er vielleicht gar noch den Duft ihres Körpers an sich habe, und als er dann mit ihm über das Fenster strich, tauchten da unerwartet die Augen einer Frau auf. Er erschrak und hätte beinahe aufgeschrien. Aber dies war nur, weil sein Herz schon allzu weit in die Ferne geschweift war; als er genauer hinsah, war er beruhigt. In der Fensterscheibe spiegelte sich nur das Gesicht der Frau, die ihm gegenübersaß. Da draußen das Abenddunkel herniedersank und in dem Wagen das elektrische Licht angegangen war, hatte sich das Fenster in einen Spiegel verwandelt. Shimamura hatte mit dem Finger die Feuchtigkeit abgewischt, mit der die Scheibe beschlagen war.

Die Augen der jungen Frau waren ganz eigenartig schön. Shimamura näherte sein Gesicht dem Fenster, doch dann gab er seiner Miene den melancholischen Ausdruck einsam Reisender. Er tat, als wollte er nur die Abendlandschaft draußen angelegentlich betrachten, und wischte mit der ganzen Hand über das Fenster.

Das Mädchen beugte sich ein wenig vor und sah mit inniger Anteilnahme auf den vor ihr liegenden Mann. Shimamura bemerkte, wie seine ganze Kraft in den Schultern geballt war, und wusste sofort, dass seine entschlossen leuchtenden Augen nicht einen Augenblick zu ihm herüberschweifen würden. Der Mann hatte den Kopf ans Fenster gelehnt, seine leicht angewinkelten Beine ruhten auf dem Sitz. Es war ein Wagen dritter Klasse. Da der Mann nicht gleich schräg vor Shimamura, sondern noch einen Sitz weiter entfernt saß, erschien sein Gesicht nur bis zu den Ohren im Spiegel des Fensters.

Das Mädchen hingegen saß ihm gerade gegenüber, und so hätte er es aus der Nähe betrachten können. Als die beiden in den Zug einstiegen, hatte er aber, von der kühlen Schönheit des Mädchens bis ins Herz getroffen, die Augen bestürzt gesenkt und dabei bemerkt, wie die bleichen Hände des Mannes die ihren fest umklammert hielten. So fand er es nun unschicklich, noch einmal offen zu ihnen hinzublicken. Das Gesicht des Mannes, wie es in dem Spiegel erschien, wirkte ganz entspannt, man fühlte, wie sehr es ihn beruhigte, seine Augen auf der Brust des Mädchens ruhen zu lassen. Trotz der Schwächlichkeit seines Körpers boten beide ein Bild süßer Harmonie. Die eine Hälfte seines Schals diente ihm als Kopfkissen, die andere, ein wenig zusammengerafft, bedeckte den Mund und die Wangen. Bald aber löste sich das Tuch, rutschte über die Nase, doch kaum bewegte er die Augen dabei, da hatte das Mädchen alles mit weichem Griff wieder in Ordnung gebracht. Dies wiederholte sie in aller Unschuld so oft nacheinander, dass Shimamura schon ungeduldig wurde. Zudem öffnete sich auch dann und wann der Saum des Mantels, der die Beine des Mannes bedeckte, und hing nach unten. Auch hierauf wurde sie sofort aufmerksam und brachte es wieder zurecht. Alles geschah mit der größten Natürlichkeit. Man konnte glauben, die beiden reisten in eine ziellose Weite, alle Entfernungen vergessend. Shimamura fühlte sich daher auch gar nicht bedrückt. Es war für ihn durchaus kein trauriger Anblick, er wähnte, das schwerelose Spiel eines Traumes zu sehen. Vielleicht rührte dies aber auch daher, dass er in einen so seltsamen Spiegel blickte.

Auf dem Grunde des Spiegels zog die abendliche Landschaft dahin. Wie in einem Film bewegten sich das Spiegelnde und der Spiegel selbst ineinander. Auftretende Personen und Hintergrund hatten nichts miteinander zu tun. Den Personen haftete überdies etwas flüchtig Durchsichtiges an, die Landschaft war ein vage vorübergleitendes Abenddunkel. Beide, ineinander verschmelzend, gehörten zu einer unirdischen, symbolischen Welt. Und als gar, von einem fernen Ackerfeld her, ein Licht in des Mädchens Gesicht aufglänzte,

da erbebte Shimamuras Brust vor so viel unsagbarer Schönheit.

Da der weite Berghimmel noch immer Spuren von Abendrot aufwies, erlosch die Landschaft jenseits des Fensters nicht bis zum Horizont, aber ihre Farben hatte sie verloren. So weit der Blick reichte, wirkte die recht nüchtern aussehende Heide ganz besonders eintönig. Nichts, gar nichts zog das Augenmerk auf sich, ein mächtiges, höchst unbestimmtes Gefühl schien alles zu beleben. Natürlich rührte dies auch daher, dass das Gesicht des Mädchens noch immer auf der Scheibe sichtbar war. Soweit es sich darin spiegelte, war von der Landschaft draußen kaum etwas zu sehen, aber da sie außerhalb der Konturen des Gesichts vorüberzog, wirkte auch das Gesicht fast durchsichtig. Manchmal schien es, als fließe die Landschaft draußen mitten durch die Züge des Mädchens, und es war fast unmöglich, zu irgendeinem Augenblick etwas Bestimmtes zu erfassen.

Im Wagen selbst war es nicht allzu hell, und so war auch der Widerschein nicht so stark wie bei einem gewöhnlichen Spiegel. Da nichts in ihm aufglänzte, vergaß Shimamura, während er noch eifrig aus dem Fenster starrte, das Phänomen des Spiegelns, und er hatte das Gefühl, als sei da mitten in der vorüberströmenden Abendlandschaft ein Mädchen vor ihm aufgetaucht.

Im gleichen Augenblick leuchtete dann plötzlich das Licht aus der Ferne in ihrem Antlitz auf. Das Bild im Spiegel war nicht kräftig genug, das Licht jenseits des Fensters auszulöschen, und auch dieses Licht verdrängte das Spiegelbild nicht. Es floss mitten durch das Mädchengesicht hindurch, ohne es eigentlich zu erhellen, ein kalter, ferner Glanz. Als dann ihre kleinen Pupillen ein wenig aufleuchteten, weil Auge und Licht genau übereinanderlagen, erschien das Auge wie ein verführerisch schönes Leuchtkäferchen, das auf den Wellen des Abenddunkels trieb.

Yoko ahnte natürlich nicht, dass sie auf diese Weise betrachtet wurde. Sie war ganz von der Sorge für den Kranken erfüllt. Und hätte sie sich auch zu Shimamura hingewandt, ihr Spiegelbild im Fenster wäre ihr verborgen geblieben, der offenbar nur durch das Fenster starrende Mann hätte ihre Aufmerksamkeit wohl kaum erregt. Shimamura selbst vergaß, während er Yokos Bild fixierte, mit der Zeit ganz und gar, dass sie ihm leibhaftig gegenübersaß. Er war von der unwirklichen Kraft der auf dem Spiegel erscheinenden Abendlandschaft wie gebannt.

Als sie dann den Bahnhofsvorsteher rief und fast übertrieben eifrig dabei tat, war sein Interesse für sie zunächst wohl kaum ein anderes als für die Figur aus einem Roman.

Später, als der Zug zur Signalstation kam, war das Fenster schon völlig dunkel. Der vorüberfließende Strom der Landschaft versiegte, und damit verlor auch der Spiegel seinen Reiz. Yokos reizendes Gesicht war zwar noch immer auf der Scheibe zu sehen, aber bei aller Wärme ihrer Bewegungen entdeckte Shimamura jetzt plötzlich fast etwas durchsichtig Kaltes. Als der Spiegel sich dann erneut trübte, wischte er nicht mehr darüber.

Nach einer halben Stunde stiegen Yoko und der Mann ganz unerwartet an der gleichen Station wie er selber aus. Shimamura wandte sich betroffen um, als geschehe hier etwas, das ihn selbst betraf. Doch als er dann auf dem Bahnsteig die eisige Kälte spürte, schämte er sich seines ungesitteten Verhaltens im Wagen und schritt an der Lokomotive vorbei, ohne sich nach den beiden umzusehen. Der Mann, auf Yoko gestützt, wollte gerade auf das Geleise herabsteigen, da tauchte ein Eisenbahnbeamter auf und gebot mit erhobener Hand Einhalt.

Dann verdeckte der aus der Dunkelheit hervorschnaubende lange Güterzug die beiden.

Der zum Empfang der Gäste erschienene Diener des Gasthofs sah mit seiner mächtigen Wintervermummung aus, als wollte er einen Brand löschen. Er hatte die Ohren verhüllt und trug lange Gummistiefel. Aus einem Fenster des Wartesaals sah eine Frau in blauem Mantel, mit einer Kapuze auf dem Kopfe, auf die Geleise.

Shimamura war vom Zug her noch durchwärmt, so war ihm die Kälte draußen gar nicht zum Bewusstsein gekommen. Da dies sein erster Winteraufenthalt im Schneeland war, erschreckte ihn die Aufmachung der Einheimischen.

„Ist es denn wirklich so kalt, dass man sich derart vermummen muss?"

„Ja, wir haben schon alles für den Winter vorbereitet. Nach einem Schneefall ist der Abend vor dem Aufklaren immer besonders kalt. Es wird heute Nacht sicherlich noch frieren!"

„Frieren?"

Shimamura warf einen flüchtigen Blick auf die hübschen Eiszapfen an der Dachtraufe, dann stieg er mit dem Diener in das Auto. Das tiefe Weiß des Schnees ließ die ohnehin niedrigen Häuser noch kleiner erscheinen, das Dorf lag schweigend und wie versunken da.

„Wahrhaftig, das ist eine ganz andere Kälte hier. Man spürt es gleich, was man auch immer zur Hand nimmt!"

„Im letzten Jahr fiel das Barometer einmal bis auf zwanzig Grad unter Null!"

„Und wie tief liegt der Schnee?"

„Nun, es sind sieben, acht Fuß im Allgemeinen. Fällt besonders viel, sind es zwölf, dreizehn!" „So? Und all das steht mir jetzt noch bevor!"

„Ja, der Winter beginnt hier erst. Neulich lag der Schnee einen Fuß hoch, aber er ist gleich wieder geschmolzen."

„So? Er schmolz gleich wieder weg?"

„Wann der nächste große Schnee kommt, kann natürlich niemand sagen."

Es war Anfang Dezember.

Shimamuras Nase, von einer hartnäckigen Erkältung verstopft, war nun mit einem Male bis zur Mitte wieder frei: Sie lief so heftig, als würde aller Schmutz herausgewaschen.

„Ist eigentlich das Mädchen, das bei der Shamisen-Lehrerin wohnte, noch immer da?"

„Ja, ja. Sie war eben am Bahnhof! Haben Sie sie nicht gesehen? Sie trug einen dunkelblauen Mantel."

„Dann war sie es also! Ich kann sie doch wieder rufen?"

„Heute Abend?" „Ja, heute Abend."

„Sie hat mir erzählt, sie wolle den Sohn der Shamisen-Lehrerin abholen, der mit dem letzten Schnellzug eintreffe."

Der von Yoko betreute Mann, den Shimamura in dem abendlichen Spiegel betrachtet hatte, war der Sohn des Hauses, in dem jene Frau wohnte, der sein Besuch galt. Nachdem Shimamura all das erkannt hatte, war ihm zumute, als ziehe ihm irgendetwas mitten durch sein Herz. Aber dann fand er dieses zufällige Zusammentreffen eigentlich nicht mehr so merkwürdig. Er war eher darüber verwundert, dass er nicht noch mehr überrascht war.

Yasunari Kawabata

Eine *Winternacht* auf der *Lokomotive*

„Wer fährt heute den Nachtschnellzug?", fragt der Inspektor, kurz vor Mitternacht aus der Tür seines behaglichen Kabinetts in die Abfahrtshalle zu Moorstedt heraustretend, in die ein schneidender Nordostwind feines Schneegestöber hereinweht und die lange Perspektive der Gasflammenreihen bald aufflackern lässt, bald halb verlöscht. Der Schnellzug steht vor dem breiten, stattlichen Perron. Die Türen der wenigen eleganten Wagen erster und zweiter Klasse, aus denen der Zug besteht, sind geöffnet. Sie lassen in dem matt beleuchteten Inneren der Coupés die wunderlichen Pelz- und Faltenmassen halb erkennen, welche die Sitze der Nachtschnellzüge im Winter erfüllen. Nur hier und da schaut eine rotgefrorne Nase oder ein atmender Mund hervor. Noch seltener erhebt sich das verschlafene, um sich blinzelnde Gesicht eines erwachenden, verdrossenen Passagiers, der, im Zweifel, ob er sich in Prag, Dresden oder Hannover befinde, den Schaffner nach Zeit, Ort und dem Grunde fragt, „warum so lange gehalten werde?" Nur wenige Passagiere haben am Ort den Zug verlassen, noch weniger sind dazugekommen, nur hier und da schiebt sich eine dunkle, dick vermummte Gestalt mühsam durch die Wagentür, während die Handkarren mit nervenerschütterndem Rollen die wenige Bagage nach dem Gepäckwagen schaffen. Packer, Packmeister und Postschaffner zählen sich mit monotonem Rhythmus Eilgut-, Gepäck- und Poststücke zu. Die Wagenrevisoren kriechen sorgsam mit Laterne und Hammer an den Wagengestellen hin, beleuchten jede Achse, jedes Rad, jede Feder oder prüfen mit dröhnendem Hammerschlag, denn nur ein durchaus revidierter Schnellzug darf seinen Lauf fortsetzen.

„Wer fährt den Nachtschnellzug?", fragt der Inspektor, der am Zuge entlangschreitet, in dem sich soeben die hochbeinige Schnellzugsmaschine zischend und mit glühendrot aus der geöffneten Feuertür angestrahltem Dampfe, ohne Anstoß, geschickt an den Zug legt.

„Der alte Zimmermann", tönt die Antwort zurück. Zugleich drängt sich eine kurze, dick in einen Lederpelz, um den ein Riemen als Gurt geschnallt ist, gehüllte Gestalt zwischen dem Geländer der Maschine und dem Tender hervor und salutiert den Inspektor.

Der „alte Zimmermann" ist ein Mann im Lebensalter der höchsten Mannesrüstigkeit, aber ein alter Lokomotivführer. Denn während eines Vierteljahrhunderts auf der rüttelnden, tobenden Maschine stehend, in Wetter und Sturm, Hitze und Kälte und Regen einen Weg zurückzulegen, der zwanzigmal um den Erdball reicht, das ist eine Arbeit, die schneller zum Greise macht, als mit der Feder hinterm Ohr am warmen Ofen Akten lesen.

Zimmermann hebt bei den schwankenden, matrosenartig breitspurigen Schritten, mit denen er herankommt, beschwerlich die vom Stehen auf der dröhnenden Maschine schwach gewordenen Beine, die in dicken Filzstiefeln stecken. Er hat die Pelzmütze tief über die Ohren gezogen und ein Tuch um Genick und Hals gewunden. Aus den unbehilflichen Hüllen schaut ein kleiner Teil eines gutmütigen, dunkel von der Kälte bronzierten Gesichts. Die fast violett glänzende Nase zeigt trotzdem keine Spur von Lichtern, die hier geistige Getränke zu entzünden pflegen, die Augenlider sind verschwollen, das Weiße der lebhaften Augen gereizt und gerötet.

„In fünf Minuten sind wir fertig, wie stehts bei Ihnen, Zimmermann?", fragt der Inspektor.

„Verdammt kalt, Herr! 15 Grad schlecht gemessen", entgegnet dieser, „hab mein Direktionswarmbier schon im

Leibe; meine Luise bringt mir aber noch einen Kaffee mit Rum, den trink' ich, während ich meinen ‚Greif' noch einmal revidiere und schmiere. Teufel! gegen diesen Nordost wird heute der Schnee stechen, als würde man mit Schuhzwecken aus Blaseröhren beschossen! Da ist die Luise schon!"

Ein kleines Weib, dick beschneit, läuft in der Tat mit einem Handkorbe eilends über den Perron. Sie knickst vor dem Inspektor und packt dann, eilends mit dem Lokomotivführer nach der Maschine schreitend, den Kaffeetopf aus. Sie schenkt ihm dessen Inhalt ein, während er seine mächtige Schnellzugsmaschine, die mit den glühenden Augen ihrer großen Laternen feindlich hinaus in das Schneegestöber starrt, die Ölkanne in der Hand, nochmals umschreitet. Er befühlt jeden Teil nochmals und überzeugt sich davon, dass Öl in allen Schmiergefäßen, der Rost gehörig von Schlacke gereinigt, die Siederohre des Kessels von Asche befreit, nichts locker und nichts zu klamm angezogen und sein „Greif" imstande sei, seine Riesenglieder geschmeidig spielen zu lassen, seine 150 Pferdekräfte frei zu entwickeln und seinen gewaltigen Leib mit der daran hängenden Last, über 2000 Zentner schwer, mit Adlerschnelligkeit durch die Sturmnacht fortzureißen.

„Will die Verwaltung immer noch nicht dran, euch armen Kerls Schutzkabinen auf die Maschinen zu bauen?", fragt der Inspektor den Lokomotivführer. „Ihr müsst barbarisch da vorn in einer solchen Winternacht leiden."

„Ja, ja, die Herren in ihrem Sessionszimmer wissen's nicht, wie ein Schneenordost schneidet", antwortet der Führer aus seinen dicken Tüchern dumpf heraus, „und meinen, wir hörten und sähen nichts in dem Häuschen. Ob man wohl besser mit so verbundenen Ohren hört, mit so entzündeten Augen sieht?", setzte er lachend hinzu, auf seinen Kopf deutend, und dann: „Fertig, Herr! Sie können's

Zeichen geben lassen." Der Inspektor winkt, die tobende Perronglocke jagt mit grellem Schellenlaut nochmals die Schläfer in den Wagen empor, und ihre letzten Töne verschwimmen in dem noch abscheulicheren, langgehaltenen Pfiffe der Maschine. Dann hört man draußen die lauten Doppelschläge der elektrischen Glocken c, e-c, e-c, e im Sturmwind verwehen.

„Gott behüt dich, Zimmermann", sagt die Frau und reicht dem auf der Maschine stehenden Führer noch einmal die Hand.
„Gute Nacht, Frau! Denkt an mich, wenn ihr warm liegt."
„Du armer Karl."
Er legte die bepelzhandschuhte Faust auf den Regulator, ein Ruck, die Maschine setzt sich stöhnend in Bewegung, wie widerwillig folgen ihr die Wagen, puffend bläst sie die erste Dampfwolke gegen das Dach der Halle, die zweite schon in das Schneegestöber, sodass die Flocken wie entsetzt emporgerissen auseinanderstieben. Heulend fällt der schneidende Sturm die beiden schweigenden Männer auf der Maschine, den Lokomotivführer und den Heizer, an, und schießt ihnen, wie Eisnadeln, horizontal fast, die im Scheine der Lokomotivlaternen glitzernden und wie Millionen kleine, kalte Quälgeister tanzenden Schneeflocken ins Gesicht.
Der Führer sieht sich um, ob auf dem Zuge alles recht und in Ordnung. Der Schein der beleuchteten Wagenfenster gleitet über den Schnee. – Wie behaglich muss es in gepolsterten, warmen Coupés sein! –
Auf den Wagen sitzen die Schaffner in Pelze und Mäntel vergraben wie schwarze Klumpen. Der Sturm fährt mit wüstem Zischen zwischen Rädern und Wagen durch.
Die roten Lichter der Signale an den Ausweichungen gleiten langsam vorbei, jetzt hat der Zug das letzte derselben hinter sich und ist auf freier, offener Bahn.

Rabenfinster, sturmtobend, schneedurchrieselt liegt die Nacht vor dem Führer, kaum den Schornstein seiner Maschine kann er sehen. Welche Gefahren birgt diese Finsternis für ihn! Hat ein Arbeiter eine Hacke auf der Bahn liegen lassen? Hat der Sturm einen Signalbaum umgelegt oder einen Wagen von einer Station auf die Bahn hinausgetrieben? Hat der Druck der Schneewehen die Telegrafenleitung gestürzt? Oder ist nur eine Ausweichung nicht auf dem rechten Geleise? Hat eine aus dem Boden sickernde Quelle einen Eisklumpen auf dem Geleise gebildet?

In allen diesen Fällen ist er in höchster Gefahr des Leibes und Lebens, und wenn er jetzt den Regulator weiter öffnet und die Maschine schneller und schneller puffend und keuchend in die dicke Finsternis der Nacht, in der das Heulen des Sturmes auch jeden Warnruf der Signale verschlingt, hineinjagt, schneller und schneller, bis ihre dröhnenden Räder kaum mehr die Schienen zu berühren scheinen, so rast er der Gefahr blindlings entgegen. Ganz allein in Gottes Hand – nichts steht ihm zur Seite als sein Mut, seine Wachsamkeit und seine Entschlossenheit. Und so steht er denn auf der dahinjagenden Maschine, den Blick, obwohl Sturm und Schnee seine entzündeten Augen geißeln, auf den engbegrenzten Schein gerichtet, den die Laternen der Lokomotive mit zitterndem, blau hingezogenem Strahl auf die Bahn werfen, und der beim windschnellen Laufe der Maschine die Pfähle der Telegrafenleitung in gerade herabschießende Blitze wandelt und Bahnhäuser, Wasserkrane, Gebüsch, Felswände, Brücken wie in wilder Hast auf ihn losstürmende Fantasmagorien aus der Nacht emportauchen und eilends wieder versinken macht.

Zuweilen blinken wie rot auftauchende, freundliche Sterne Lichter aus Hütten nahegelegener Dörfer herüber. – „Wie warm und sicher und traulich muss es um diese herum sein!" – Doch da sind sie schon wieder verschwunden in einem wilden Wirbel aufgepeitschten Schnees oder puffigen Massen Dampfes, die die Maschine windabwärts schleudert und die sie wallend und wälzend begleiten wie die Dämonen ihrer eigenen Hast und Eile. Vorbei! Vorbei! Vorwärts! Er öffnet den Regulator weiter, rascher noch wird das Tempo der rasselnden Schläge, eilender noch schießt der Zug in die Nacht hinein. „Feuern!", ruft er seinem Heizer durch den Sturm zu, nachdem der Flug eine Viertelstunde gedauert hat. Durch den Lauf der Maschine vermehrt wird der Schall vom Mund gejagt, sodass das noch dazu von Prasseln, Zischen, Klappern und Heulen übertäubte Wort kaum das Ohr des Nächststehenden zu erreichen vermag.

Der Heizer steht, träumend vor sich starrend, am Hemmapparat (der Bremse) des Tenders und hört ihn nicht. „Gärtner! Feuern!", schreit ihm Zimmermann zu und legt ihm die Hand auf den Arm. Dieser fährt empor und greift nach der Kohlenschaufel, während der Führer die Tür der Lokomotivfeuerung aufreißt. Ein ungeheures, glänzendes Lichtbündel fährt aus der weißglühenden Feuermasse durch die Tür fast senkrecht nach dem Himmel empor, verwandelt die Dampfmasse in eine wilde, rotglühende Jagd der Hölle und berührt mit seinem Strahlenbüschel das tief hinziehende Schneegewölk. In dem Glutlichte duckt sich die dunkle Gestalt des Heizers etwa zehnmal hin und her, jedesmal auf dem Tender die mächtige schwere Kohlenschaufel füllend und sie in die Feuerung ausstürzend. Er hat etwa zwei Zentner neues Brennmaterial in die weißglühende Masse geworfen.
Der Lokomotivführer schließt die Feuertür. Das Strahlenbündel, das aus ihr geschossen ist, erlischt. Erhitzt und aufatmend tritt der Heizer an seinen Posten zurück, während eine ungeheure, prachtvolle Funkenmasse, wie

die schönste Feuerwerks-Girandole, dem Schornstein ent-
strömt, dessen gewaltiger, künstlicher Zug die leichteren
Teile des frisch aufgeworfenen Brennstoffs rasch entzündet und als zischende Funken in den Schneesturm hinaus-
schleudert.

„Was haben Sie denn, Gärtner?", schreit der Führer dem
Heizer ins Ohr, „Sie sehen und hören ja heute nicht! Pas-
sen Sie auf!" – „Ach, Herr Zimmermann", schreit Gärtner
zurück, „mir geht's schlecht! Meine Frau liegt zu Hause
in schweren Kindesnöten halb tot. Die Schwester, die sie
pflegt, ist krank geworden. Jetzt ist sie mit der zehnjähri-
gen Hedwig ganz allein, und ich musste fort zum Dienst
– Gott allein kann helfen!"

Der Führer wendet sich ab und zieht die Pelzmütze tiefer
über die Augen. „Da ist Wolfsberg", sagt er nach einiger
Zeit, als die roten und weißen Lichter einer Station durch
das Schneewirbeln vor ihnen aufzuschimmern beginnen.
Er pfeift und gleich darauf poltert der Zug unter das über-
hängende Dach des Perrons der Station.

Eilend umschreitet er hier seine Lokomotive, ihre dicht mit
Schneeschlicker, der sich in den Ecken und Vertiefungen
des Apparats zu dicken Massen angehäuft hat, bedeckten
Teile prüfend beleuchtend, von denen er oft mit der Hand
erst die kalte Decke wegstreichen muss, um sie sehen zu
können. Da ruft der währenddessen unter der Maschine
mit dem Ausharken der Schlacken aus dem Roste der Feuerung beschäftigte Stationsheizer: „Herr Zimmermann,
der Rost des ‚Greif' ist so dick heut verschlackt, ich komme in den vier Minuten Aufenthalt nicht durch damit!"
Rasch springt der Führer, mit dickem Pelz und Mütze angetan, in die Schürgrube hinab, packt die schwere Feuer-
krücke mit und stößt sie in die Feuermasse des Rosts, die
weißglühende Hitze herabstrahlt, hineinstoßend arbeitet
der schwerbekleidete Mann angestrengt und hastig, bis

das Feuer wieder in vollkommen regelrechtem Zustande ist. Nach wenig Minuten steigt er keuchend und schweißtriefend aus der Grube. – „Abfahrt!", ruft der Oberschaffner. Es läutet. Auf die Maschine klimmt der Mann, dessen Lungen noch von der Anstrengung atmend fliegen und dem der Schweiß unter der Pelzmütze vorrieselt.

Max Maria von Weber

Bergan ins *Vogtland*

Unser Dampfzug mit dem „Sachsendreier" verließ nun Zwickau und der Großvater freute sich auf das Vogtland sehr. „Junge, da kannst du was sehen und die Dampflok auch mal bergauf und bergab führen", sagte er zu seinem Sohn.

Beim Halt in Steinpleis legte der Heizer noch mal kräftig Kohle nach, denn hinter dem Bogendreieck bei Werdau begann eine kilometerlange Steigung, die viel Dampf benötigte. Bald loderte die Kohle und sorgte für einen schönen Dampfdruck im Kessel, mit kräftigen Auspuffschlägen fuhr der Zug dahin. Die Kupplungen zeigten sich nun straff, die Lok-Tenderkupplung zum ersten Wagen hin federte beim ersten Anfahren schon sehr. „Und nun", rief Richard Richter seinem Sohn zu, „übernimmst du die Fahrt!" Herbert zögerte ein wenig, doch dann ging er auf den freien Platz. Währenddessen schaute Großvater zum Fenster hinaus und studierte die Strecke. Mit einem Lächeln hatte er den Dampfregler etwas zurückgenommen, die Abstände zwischen den Auspuffschlägen wurden rasch größer. Herbert schaute aber noch immer auf alle Instrumente, wo die Zeiger an der richtigen Stelle zitterten.

„Sei derb zum Eisen!", forderte der Großvater. Sein Sohn ging damit noch viel zu bedächtig um. Aber dann schob er den Regler weit nach links, veränderte die Steuerung etwas, sodass die zwei Triebwerke vorn aus dem Dampf das Beste machten.

„Schau nun auch auf die Strecke!", befahl der Vater weiter, denn da vorn kam ein Vorsignal und das zeigte „Halt zu erwarten". Herbert schaute, nahm den Dampf zurück und ließ den Zug fast auslaufen, bis er wieder Dampf gab; das Vorsignal hatten sie mit nur 37 km/h passiert. Bergan brauchte er nicht hart zu bremsen, er konnte die Triebwerke so verhalten laufen lassen. Langsam ging es weiter in Richtung Hauptsignal, das er nun laut und deutlich anpfiff. „Gib uns freie Fahrt, wir kommen ja bergauf auf dich zu, das kostet Kraft und Mühe!" Sekunden später zuckte der Signalflügel nach oben, freie Fahrt bis in den nahen Bahnhof hinein. Herbert pfiff noch mal kurz, was so viel wie „Danke" hieß. Wieder hörte man die Auspuffschläge, die Lok reagierte gut.

„Wir haben drei Verlustminuten, eine machen wir im Bahnhof gut, zwei müssen wir herausfahren", murmelte der Großvater vor sich hin. Herbert hatte verstanden. Bei der erneuten Anfahrt gab er bergan etwas Sand, die Dampflokräder bekamen so einen guten Biss auf die Gleise, nur selten schleuderten sie kraftlos auf den Schienenköpfen, die hier teilweise wie verchromt aussahen.

Somit hatte der Neuling das grobe Gefühl schon, nur die Feinheiten musste er noch richtig lernen, wenngleich man bei einem so schweren Gefährt – mal mit unter, mal mit über 100 Tonnen Eigengewicht — nicht unbedingt von Feinheiten sprechen konnte. Vorzüglich beherrschte Herbert aber den Umgang mit dem Führerbremsventil.

Der Großvater stand bald länger an der Seite, schaute in die Landschaft und freute sich, wie von Handwerkern so manches Fachwerkhaus neu hochgezogen wurde, wie man Brunnen grub, die Dächer mit Schiefer schwarz eindeckte, wie die Birke vom Vorjahr nun wieder ein Stück größer war und wie die Kinder in einem Sandhaufen spielten. Alles war im Fluss, und die alte Frau mit dem Spinnrad, die hatte er schon oft mit der Dampfpfeife begrüßt. Erschrocken war sie nicht, hob am Vormittag die Spinnwolle und zeigte am Abend die Socken, die sie aus dem Gespinn gestrickt hatte. Dann murmelte Lokführer Richard vor sich hin: „Oma, die könnte ich im Winter schon auf meinem Dampfross brauchen und mein Feuermann auch." Obwohl die Stiefel

mit den Jahren immer besser geworden waren, blieben die Dampfloks fußkalt, bis man schließlich an den Stellen, wo Heizer und Lokführer standen oder auf einem primitiven Rundhocker saßen, Holzroste unterlegte. Findige Köpfe erfanden sogar eine Art Fußbodenheizung für den Führerstand, die aus einer Rohrschlange bestand, durch die heißes Wasser oder Dampf strömte. Diese „Bauartänderung" war allerdings nicht zulässig.

Großvaters Gedanken gingen wieder zurück in den grimmigen russischen Winter, damals im Ersten Weltkrieg. In Russland hatte Richard Richter eine weitere, nicht minder wirksame Führerstandsheizung kennengelernt. Die russischen Eisenbahner legten möglichst gerade Steine ins Feuerbett. Hatten sie die richtige Temperatur erreicht, nahm das Personal die Steine wieder heraus, legte ein Blech darüber und stand für einige Zelt warm. Erreichten die Temperaturen 20 oder gar 25 Grad minus, musste auch das Dampfross gut bewacht werden. Erlosch das Feuer, musste man flink sein und es neu entfachen, damit der Kessel nicht einfror. Um den Tender wurden Feuer in Eisenkörben entzündet, damit ebenfalls nichts einfror.

Trotzdem konnte man ab und an kein Wasser vom Tender in den Kessel ziehen, weil die Verbindungsrohre eingefroren waren. Dann half nur der Halt auf freier Strecke und ein Feuerchen unter diesen Verbindungen, auch wenn das hohe Militär schimpfte und mitunter brüllte. Aber Großvater hatte von Natur aus ein dickes Fell und so machte ihm das Geschrei der Vorgesetzten nichts aus.

Bald trug er auch ein echtes Fell auf dem Haupt, denn Russland konnte so bitterkalt sein. „Väterchen Frost" war ein wirklich harter Geselle, auch auf dem Dampfross, wo in der Feuerbüchse hohe Temperaturen herrschten. Großmutters Strickmütze reichte für Kopf und Ohren nicht mehr, denn ab und an musste Richard seinen Kopf aus dem

Dampflokfenster herausschieben, um alles genau zu sehen. Nach einer Bärenfellmütze sehnte er sich, ja so eine Mütze sollte es sein.

Einige Wochen später erwarb er sie tatsächlich in einem ehrlichen Tauschgeschäft. Zwei Dinge hatte er aus der Heimat während eines Kurzurlaubs mitgebracht: zwei Mundharmonikas aus dem Vogtland und eine einfache Taschenuhr. Diese Dinge standen bei den russischen Dorfbewohnern nahe des Bahndammes hoch im Kurs. Und Großvater verstand es schon, die Sache gut auszuhandeln.

Während einer Fuhre kurz nach der Rückkehr aus der Heimat rief er seinem Feuermann plötzlich zu: „Feuere mal nicht!" Der schaute daraufhin verständnislos seinen Lokführer an, keine Kohle bedeutete rasch langsamere Fahrt bis hin zum Zugstillstand. Und das wollte der Großvater, genau da vorn am Horizont, wo nur drei oder vier Hütten standen.

Er bremste den Zug, stieg herab und verschwand hinter dem typischen Bretterzaun. Kurze Zeit später kam er wieder lachend heraus, denn in der einen Hand hatte er eine neue Bärenfellmütze und in der anderen ein Glas mit selbst gebranntem Wodka sowie ein Stück Brot. Der Heizer trank das Glas rasch leer und biss ins Brot. Auf diese Weise frisch gestärkt beschickte der Heizer wieder das Feuer und bald setzte der Zug seine Fahrt durch die russischen Weiten fort.

Anni und Klaus Richter

Abenteurer des *Schienenstrangs*

Es hatte angefangen zu schneien, und es sah aus, als sollte es eine kalte Nacht werden. Als es dunkel geworden war, begann ich zwischen den Eisenbahnwagen herumzusuchen, bis ich einen leeren Kühlwagen gefunden hatte. Ich kroch hinein – nicht in den Eisbehälter, sondern in den Wagen selbst. Ich schloss die schweren Türen, und da sie mit Gummileisten versehen waren, schlossen sie vollkommen luftdicht. Die Wände waren dick, und es gab keine Ritzen, durch die die Kälte in den Wagen dringen konnte. Aber drinnen war es ebenso kalt wie draußen. Die Erhöhung der Temperatur war mein nächstes Problem. Aber ein richtiger Landstreicher weiß immer Rat. Ich zog drei oder vier Zeitungen aus der Tasche. Die verbrannte ich eine nach der andern auf dem Boden des Wagens. Der Rauch stieg in die Höhe. Nicht das kleinste bisschen Wärme konnte entweichen, und ich lag warm und gut da und verbrachte eine wunderbare Nacht. Ich wachte nicht ein einziges Mal auf.

Am Morgen schneite es immer noch. Während ich draußen war, um etwas Frühstück zu erwischen, entging mir ein ostwärts gehender Güterzug. Später am Tage erwischte ich zwei andere Güterzüge und wurde von beiden geschmissen. Es schneite jetzt stärker als je, aber in der Dämmerung fuhr ich auf dem ersten „Blinden" des Überlandzuges ab. Im selben Augenblick, als ich von der einen Seite aufsprang, sprang einer von der andern Seite auf. Es war der Junge, der aus Oregon weggelaufen war. Aber auf dem ersten „Blinden" eines Schnellzuges in einem mächtigen Schneesturm zu fahren, ist keine Vergnügungsreise. Der Wind fährt durch einen hindurch, prallt von der Vorderseite des Wagens ab und kommt wieder zurück. Als wir das erste Mal hielten und es dunkel geworden war, ging ich nach vorn und redete mit dem Heizer. Ich bot ihm an, Kohlen zu schaufeln bis zu der Station, wo er abgelöst wurde – es war Rawlins –, und er nahm mein Angebot an. Meine Arbeit bestand darin, dass ich draußen auf dem Tender im Schnee stand, die Kohlenklumpen mit einem Vorhammer zerstückelte und sie ihm zur Lokomotive hinüberschaufelte. Da ich aber nicht die ganze Zeit zu tun hatte, konnte ich hin und wieder zu ihm hinüberkommen und mich ein bisschen wärmen.

„Hör'", sagte ich in der ersten Pause zu ihm, „auf dem ersten „Blinden" liegt ein kleiner Kerl. Er friert sehr."

Hinten auf den Lokomotiven der Union-Pacific ist ziemlich viel Platz, und wir räumten dem Jungen einen warmen Winkel vor dem Feuerloch ein, wo er augenblicklich einschlief. Gegen Mitternacht kamen wir in Rawlins an. Es schneite mehr als je. Hier sollte die Lokomotive in den Schuppen gefahren und eine neue Maschine vorgespannt werden. Als der Zug hielt, sprang ich herunter und gerade einem Mann in einem großen Mantel in die Arme. Er begann mich auszufragen, und ich fragte ihn prompt, wer er wäre. Er teilte mir ebenso prompt mit, dass er der Sheriff wäre. Ich zog meine Fühler ein, hörte und antwortete.

Nun begann er den kleinen Kerl zu beschreiben, der auf der Lokomotive lag und schlief. In aller Eile überdachte ich die Situation. Es war klar, dass die Familie dem Bengel auf der Spur und der Sheriff telegrafisch von Oregon aus instruiert war. Ja, ich hätte den Jungen gesehen. Zuerst hätte ich ihn in Oregon getroffen. Das Datum stimmte mit dem überein, das dem Sheriff aufgegeben worden war. Aber der Junge musste immer noch irgendwo auf der Strecke hinter uns sein, denn er wäre gerade von diesem Zuge geschmissen worden, als wir Rock Springs verließen. Und unterdessen betete ich, dass der Junge nicht aufwachen und den Schauplatz betreten möchte, denn dann war ich geliefert.

Der Sheriff verließ mich, um mit den Bremsern zu reden;

ehe er ging, sagte er noch: „Kamerad, diese Stadt ist nichts für dich. Verstanden? Sorge dafür, dass du mit dem Zuge wieder fortkommst. Erwische ich dich, wenn der Zug abgefahren ist, dann –"

Ich versicherte ihm, dass ich mich nicht zum Vergnügen in seiner Stadt befände, und dass der einzige Grund, weshalb ich da wäre, der sei, dass der Zug haltgemacht hätte, dass ich aber so schnell aus seiner verfluchten Stadt verschwinden würde, dass er mich vor lauter Rauch nicht sähe.

Während er weiterging, um die Bremser auszufragen, sprang ich wieder auf die Lokomotive. Der Junge war aufgewacht und rieb sich die Augen. Ich erzählte ihm, was geschehen war, und riet ihm, mit der Lokomotive in den Schuppen zu fahren. Und so geschah es – auf dem Kuhfänger desselben Zuges fuhr der Junge zum Bahnhof hinaus mit dem Bescheid, wenn der Zug das nächste Mal hielt, den Heizer zu bitten, ihn auf der Lokomotive mitfahren zu lassen. Ich selbst wurde geschmissen. Der neue Heizer war jung und noch nicht demoralisiert genug, um die Instruktionen der Gesellschaft, denen zufolge kein Vagabund sich auf der Lokomotive aufhalten darf, unbeachtet zu lassen. Er schlug also mein Angebot, Kohlen für ihn zu schaufeln, ab. Ich hoffe, dass der Junge mehr Glück bei ihm hatte, denn die ganze Nacht im Schneesturm auf dem Kuhfänger zu verbringen, ist gleichbedeutend mit dem Tode.

Merkwürdigerweise kann ich mich heute nicht mehr der Einzelheiten entsinnen, wie es zuging, als ich in Rawlins geschmissen wurde. Ich weiß nur, dass ich dastand und dem Zuge nachsah, der fast im selben Augenblick vom Schneesturm verschlungen wurde, und dass ich auf eine Schankwirtschaft lossteuerte, um mich etwas zu wärmen. Hier gab es Licht und Wärme. Alles war in vollem Betrieb. Pharo-, Roulette- und Pokertische waren besetzt, und ein paar tolle Cowboys waren losgelassen. Ich hatte das Glück, mich mit ihnen zu befreunden, und wollte gerade das erste Glas für ihre Rechnung hinuntergießen, als sich eine schwere Hand auf meine Schulter legte. Ich sah mich um und seufzte. Es war der Sheriff.

Ohne ein Wort zu sagen, zog er mich in den Schnee hinaus.

„Am Bahnhof hält ein Apfelsinenzug", sagte er.

„Es ist eine verflucht kalte Nacht", sagte ich.

„In zehn Minuten geht er ab", sagte er.

Das war alles. Es kam zu keiner Diskussion. Und als der Apfelsinenzug abfuhr, befand ich mich im Eisbehälter. Als der Morgen graute, schien es mir fast, als ob mir die Füße abgefroren wären, und die letzten zwanzig Meilen bis Laramie stand ich im Türrahmen und hüpfte von einem Fuß auf den andern, um mich zu erwärmen. Es schneite zu stark, als dass die Bremser mich hätten sehen können, und übrigens wäre es mir auch einerlei gewesen.

Ich hatte fünfundzwanzig Cent in der Tasche, dafür verschaffte ich mir ein warmes Frühstück in Laramie, und unmittelbar darauf sprang ich auf den „Blinden" des Überlandzuges, der durch den Pass kroch, welcher das Rückgrat der Rocky Mountains durchschneidet. Man fährt sonst nicht bei helllichtem Tage auf dem „Blinden", aber ich konnte nicht glauben, dass die Bremser in einem Schneesturm hoch oben in den Rocky Mountains es übers Herz bringen würden, mich zu schmeißen. Und sie taten es auch nicht. Dagegen kamen sie jedes Mal, wenn der Zug hielt, zu mir, um zu sehen, ob ich noch nicht erfroren sei.

Bei Ames' Monument, auf dem First der Rocky Mountains – wie hoch es war, weiß ich nicht mehr – kam der Bremser zum letzten Male zu mir. „Hör', Kamerad", sagte er, „kannst du den Güterzug sehen, der auf das Nebengleis gefahren ist, um uns vorbeizulassen?"

Ja, ich konnte ihn sehr gut sehen. Er hielt auf dem nächsten Gleis, sechs Fuß von uns entfernt. Ein paar Fuß weiter fort

hätte ich ihn in dem Schneesturm nicht sehen können.

„In einem von den Wagen ist der Nachtrab von Kellys Armee. Sie haben zwei Fuß Stroh unter sich, und es sind so viel Menschen in dem Wagen, dass sie sich leicht warm halten können."

Es war ein guter Rat, und ich befolgte ihn, war allerdings darauf vorbereitet, falls es nur ein Trick des Bremsers gewesen sein sollte, wieder auf den „Blinden" des Überlandzuges zu springen, wenn er den Bahnhof verließ. Aber es stimmte. Ich fand den Wagen, einen großen Kühlwagen, dessen Tür auf der Leeseite, der Ventilation wegen, weit offen stand. Ich kletterte in den Wagen. Ich trat auf das Bein eines Mannes, dann auf den Arm eines andern. Das Licht war sehr schlecht, und ich konnte nichts sehen, außer einem unentwirrbaren Knäuel von Armen, Beinen und Körpern. Nie habe ich eine solche Verwirrung menschlicher Körper gesehen. Sie lagen im Stroh unter-, über- und durcheinander. Vierundachtzig große, starke Landstreicher nehmen viel Platz ein, wenn sie flach nebeneinander liegen. Die Männer, auf die ich trat, wurden böse. Ihre Körper hoben sich unter mir wie die Wogen des Meeres, und ich wurde ganz unwillkürlich vorwärtsgestoßen. Ich wollte auf Stroh treten, konnte aber keins finden, und trat immer nur auf Menschen. Sie wurden immer wilder, und ich wurde immer weitergeschoben. Plötzlich verlor ich das Gleichgewicht und setzte mich hin. Unglücklicherweise auf den Kopf eines Mannes. Im nächsten Augenblick hatte er sich in großer Wut auf Hände und Füße erhoben, und ich flog durch die Luft. Was hochgeworfen wird, muss wieder herunterkommen, und so landete ich denn auch auf dem Kopfe eines andern Mannes.

Von dem, was dann geschah, habe ich nur eine sehr dunkle Erinnerung. Es war, als wäre ich in eine Dreschmaschine geraten. Wie ein Ball flog ich von einem Ende des Wagens

zum andern. Die vierundachtzig Landstreicher siebten mich, bis das bisschen, was von mir übrig war, ein Plätzchen im Stroh finden konnte. Damit war ich aber auch in die Brüderschaft aufgenommen, und es war eine lustige Versammlung. Den ganzen Tag fuhren wir durch den Schneesturm, und um uns die Zeit zu vertreiben, wurde bestimmt, dass jeder eine Geschichte erzählen sollte. Es wurde zur Bedingung gemacht, dass jede eine gute Geschichte sein müsste, die noch keiner gehört hätte. Wer diese Bedingung nicht erfüllte, sollte zur Strafe in die Dreschmaschine. Es gab keinen, der die Bedingung nicht erfüllte. Und das muss ich sagen, ehe ich fortfahre, dass ich nie im Leben so mit guten Geschichten überschüttet worden bin. Hier lagen vierundachtzig Mann aus allen Himmelsgegenden – mit mir waren es fünfundachtzig –, und jeder erzählte eine Geschichte, die ein Meisterwerk war. Es war die Not, die uns trieb, denn es hieß entweder Meisterwerk oder Dreschmaschine.

Spät am Nachmittag kamen wir in Cheyenne an. Der Schneesturm hatte jetzt seinen Höhepunkt erreicht, und obwohl keiner von uns seit dem Frühstück etwas zu essen bekommen hatte, wollte doch niemand hinausgehen, um etwas zum Abendbrot zu ergattern. Die ganze Nacht fuhren wir durch den Sturm, und am nächsten Tage befanden wir uns auf den schönen Ebenen von Nebraska und fuhren immer weiter. Schneesturm und Berge lagen hinter uns. Die gesegnete Sonne schien auf die lächelnde Landschaft herab, und wir hatten seit vierundzwanzig Stunden nichts zu essen bekommen. Wir berechneten, dass der Güterzug gegen Mittag in einer Stadt sein musste, die, wenn ich mich recht erinnere, Grand Island hieß.

Jack London

Fahrt ins neue Jahr

Leicht, aber ergiebig fällt der Schnee. Lokomotivführer Berger verlässt sein Haus. Das kann eine lustige Nacht werden. Auf dem Weg zum Depot begegnen ihm Bekannte. Freundlich begrüßt er sie und wünscht ihnen viel Vergnügen, gehen sie doch auf den Silvesterball, der alljährlich Freunde und Bekannte zusammenführt, um gemeinsam ins neue Jahr hinüberzurutschen. Doch diesmal hat er Dienst, er muss „über den Berg". Das ist kein besonderes Vergnügen bei dem Wetter. In der Remise ist sein Gehilfe schon dabei, die Lokomotive vorzubereiten. Geschäftig eilt er hin und her, schmiert und salbt. Gewissenhaft untersucht Berger seine Maschine. Er steigt aufs Dach, untersucht sie oben und unten. Er kennt alle ihre kleinen Fehler, weiß, wo sie ihre Tücken hat und wie ihnen abzuhelfen ist. Er pflegt und behandelt sie wie eine liebe Freundin. Und sie ist dankbar dafür. Eifrig und unermüdlich erfüllt sie ihre Pflicht. Sie kennt aber auch ihren Meister, und nur unter der Hand eines andern „bockt" sie hie und da. Es ist, wie wenn sie sich auflehnen wollte unter einer ungewohnten Behandlung. Mächtig steht die Maschine da, eine Riesin aus Stahl und Kupfer mit einem unendlich feinen Nervensystem. Zwischen ihr und Berger hat sich ein persönliches Verhältnis entwickelt. Leise und zufrieden brummt sie, wenn er sie einschaltet. Es ist, als wollte sie sagen, so ist's recht, wir beide sind bereit, unsere Pflicht zu erfüllen, ganze Arbeit zu leisten. Vorsichtig fährt Berger aus der Remise in den Güterbahnhof. Sein Kollege, Führer Meier, kommt nach, denn für den tausendtönnigen Zug braucht es zwei der Gotthardriesen bis zur Wasserscheide. Berger fährt an die Spitze des Zuges, und die zweite Lokomotive wird in die Mitte gestellt. Ein eisiger Wind treibt den Schnee. Tief

vermummt begrüßt der Zugführer seine Kollegen. Er meldet das Gewicht, tausend Tonnen, hoffentlich geht es gut bei dem Hundewetter. Weiter oben am Berg herrsche ein gewaltiger Sturm, das wird ein Vergnügen sein diese Nacht. Der Führergehilfe macht einen letzten Gang um die Lokomotive, es klappt alles. Die Bremse ist probiert, das Ausfahrsignal offen. Die hintere Lokomotive gibt ein Pfeifensignal, hell tönt es durch die Nacht. Berger wiederholt dasselbe. Abfahren! Langsam setzt sich die lange Wagenreihe in Bewegung, kaum dass ein leiser Ruck zu spüren ist.

Horizontal treiben die Schneeflocken gegen die Führerstandfenster. Wie kleine Pünktchen tauchen sie auf, werden groß, riesengroß und setzen sich lautlos an den Scheiben fest. Man sieht keine zwei Meter weit. Die Geschwindigkeit steigt rasch auf der ebenen Strecke. 20, 30, 60 Kilometer. Donnernd rollt der schwere Zug durch die Nacht. Angestrengt starren die beiden Männer ins Ungewisse, da, ein Signal, grün, es ist offen. Wieder eines, Durchfahrt offen. Ein Lichtschimmer auf der Seite, das war eine Station. Bei diesem Wetter muss sich das Lokomotivpersonal auf seine Kollegen in den Stationen verlassen. Signale tauchen auf, verschwinden. Man sieht sie erst, wenn man dabei ist. An einem Haus, einem Baum oder einer Brücke merkt man, wo man ist, wann wieder ein Signal kommen muss oder wann die Steigung größer oder kleiner wird. Die Maschine singt in hohen Tönen ihr Lied von Kraft und Arbeit. Wie ein Vollblut legt sie sich in die Zügel, sie ist in ihrem Element. Wir leisten etwas, Berger und ich, auf uns kann man sich verlassen. Im Führerstand wird kaum ein Wort gesprochen, Signale werden gemeldet und bestätigt. Führer und Gehilfe sind festgebannt an ihren Plätzen. Von Zeit zu Zeit verlässt der Führergehilfe seinen Standort und macht im Innern der Lokomotive einen Kontrollgang. Er horcht auf den Ton der arbeitenden Motoren und Ventilatoren, kontrolliert die

Nebenbetriebe. Vorsichtig schaltet Berger auf und ab, die Strecke weist kleinere Steigungen und Ebenen auf. Schon eine Stunde dauert die Fahrt, nun kommt die große Steigung. Berger schaltet auf, die Fahrt verlangsamt sich. Tiefer wird das Brummen der Maschine, abgebrochener der Gleichklang der Räder, wenn sie über einen Schienenstoß fahren. 35 Kilometer in der Stunde, 30 Kilometer bei 27 % Steigung. Dumpf dröhnt die entfesselte Kraft des stählernen Riesen. Da … ein Zischen und Beben … Sand … Sand … etwas abschalten. Stahl auf Stahl, bei den nassen Schienen, es geht nicht. Die überschäumende Kraft der Maschine findet nicht genügend Halt. Da hilft nur Sand. Pressluft jagt den Sand aus großen Behältern zwischen Rad und Schiene, das „Schleudern" hört auf. Langsam schleicht der Zug die Steilrampe hinauf. Funken sprühen von den Stromabnehmern und erhellen die Umgebung. Die Aufmerksamkeit der beiden Männer auf der Maschine ist aufs Höchste angespannt. Berger lässt keinen Blick von den Instrumenten. Die Netzspannung ist gesunken, nur noch 14 000 Volt. Die Amperemeter zeigen das Maximum an, leicht zittern die Zeiger der beiden Motoreninstrumente. Ihr Vibrieren und Sinken zeigt das Ausschlagen und Schleudern des Vollblutes an … Vergessen ist der Silvester, vergessen Heim und alles, was zurückliegt. Die beiden sind nur noch im Dienst, verantwortlich für die anvertraute Aufgabe. Geht es auf dieser schwersten Teilstrecke gut, so wird auch der Rest des Weges gehen. Die Rampe ist überwunden, es kommt eine kleine Ebene. Tief holt die Maschine Atem, nimmt einen Anlauf, und mit erhöhter Geschwindigkeit fährt der Zug in den Kehrtunnel. Langsam fällt die Geschwindigkeit wieder zurück, weicht das hohe Singen der Maschine wieder tiefem, behaglichem Gebrumm. Donnernd und heulend schaffen die beiden Riesen den schweren Zug aufwärts im Innern des Berges. Dann kommt gespensterhaft und ver-

schwindet ebenso schnell eine Station. Eine kleine Ebene erlaubt wieder einen Anlauf. Ganze Schneemassen fallen von der Fahrleitung und den Tragwerken an die Stirnwand der Lokomotive und versperren die Sicht. Unablässig arbeiten die Scheibenwischer. Aus der freien Öffnung starren zwei Gesichter angestrengt in die Nacht. Mächtig hält die weiße Masse den Zug zurück. Die Lokomotiven arbeiten mit ihrer vollen Kraft, zeitweise sogar etwas mehr. Die Geschwindigkeit kann nicht mehr gehalten werden, Bergers Vollblut schlägt aus. Sanden und vorsichtiges Ab- und Aufschalten halten den Durchbrenner zurück. Heulend und donnernd durchfährt der Zug noch einige Kehrtunnels, überwindet größte Steigungen. Auf einer kurzen Horizontalen vor der letzten Steigung kann die Geschwindigkeit nochmals auf 60 Kilometer hinaufgejagt werden. Es schneit nicht mehr. Eisiger Wind jagt Wolken von Schnee gegen die Lokomotive. Die Stromabnehmer feuerwerken unter der schwankenden Fahrleitung. Berger und sein Gehilfe sind an ihren Plätzen festgebannt, noch ein Anlauf und wir sind oben. Haushoch wirft die Maschine die angehäuften Schneemassen zur Seite, die Fahrt verlangsamt sich wieder. Bergers Augen verfolgen wieder aufmerksam das Spiel der vibrierenden Zeiger der Instrumente. Brüllend überwinden die beiden Maschinen auch das letzte Stück der Steigung, die Bergstation ist erreicht. Vorsichtig hält Berger den Zug an. Rucklos steht er still, wird getrennt, und die in der Mitte schiebende Lokomotive wird ausrangiert. Als Leerfahrt kehrt sie in ihr Heimatdepot zurück. Bis über die Hüften versinkt der Führergehilfe im weichen Schnee, während er das Getriebe der Lokomotive kontrolliert. Der Zug ist wieder zusammengestellt, die Bremse wird probiert, und schon geht es weiter, hinein in den Tunnel, der Nord und Süd verbindet. Rasch steigert Berger die Geschwindigkeit des Zuges, die Fahrzeit ist kurz ... Von Zeit zu Zeit schaut

er auf die Uhr ... jetzt ... 24.00 Uhr. Das Jahr ist abgelaufen. Kräftig drücken sich Berger und sein Gehilfe die Hand. „Es guets Neus." Keinen Augenblick wenden sich die Augen ab von der Strecke, kein Gedanke darf zurückeilen zu den Lieben zu Hause, zum entflohenen Jahr. Was war und ist, bleibt ausgeschaltet, Dienst ist Dienst. Eisernes Pflichtgefühl bannt die Augen nach vorn. Es arbeiten alle Sinne. Gesicht und Gehör unterscheiden feinste Nuancen im Lärm der Maschine und deren Gang. Sogar der Geruchsinn ist angestrengt, melden sich doch häufig Störungen mit feinen, kaum wahrnehmbaren Gerüchen. Wieder singt die Maschine freudig ihr hohes Lied. Bald ist der völkerverbindende Tunnel durchfahren, und nun führt Berger den Zug sicher, mit gleichmäßiger Geschwindigkeit den Berg hinunter. Früher brauchte es 20 und mehr Bremser, um einen solchen Zug auf dem großen Gefälle zu halten und zu bremsen. Heute besorgt das der Führer mit der Druckluftbremse. Millimeter in der Handbewegung und Sekunden in den Zeitabständen entscheiden über gutes Bremsen. Unablässig behält Berger Manometer und Geschwindigkeitsmesser im Auge ... Er spürt es im eigenen Körper, ob er die Bremsung verstärken oder etwas lösen muss. Hier entscheidet ein hochentwickeltes Gefühl und die genaue Kenntnis der Bremseinrichtungen sowie der Strecke. Leise und mit freiem, hohem Ton singt dazu die Maschine ihr Lied. Sie hat ihre Arbeit getan und sammelt neue Kraft, wieder mit voller Belastung heimwärts zu fahren. Wie im Fluge geht es den Berg hinunter, Stationen tauchen auf und verschwinden. Vorbei an tiefen Schluchten und über hohe Brücken windet sich die Bahn abwärts. Sicher führt Berger den Zug in die Endstation, ein leiser Ruck, die lange Wagenreihe steht still. Die Maschine wird abgehängt. Ein Kollege löst die beiden Männer ab. Befreit atmen sie auf, eine Stunde Pause, dann geht es wieder heimwärts.

Autor unbekannt

Winterabenteuer *Bahnbus*

Zugegeben, der Titel lenkt ein bisschen in die falsche Richtung. Keine Sorge, von Abenteuern, wie überfüllten Fahrzeugen oder Verspätungen, soll hier nicht die Rede sein. Im Gegenteil, dieser Bericht ist ein Loblied auf den Bahnbus.

Montag, der 7. März 1988. Pünktlich um 10:32 Uhr rollte der bunte DB-Bus nach Frankenberg von seiner Haltestelle in Bestwig. Eine übliche Fahrt wie viele andere scheint zu beginnen. Der grau verhangene Winterhimmel sorgt für eine eher gemäßigte Stimmung. Sie ist nicht von langer Dauer, am östlichen Ende des Güterbahnhofs von Bestwig wird die Situation schlagartig anders.

Der Grund? Ein einsatzbereiter Schneepflug mit einer Diesellok V 100 der Reihe 211 oder 212 wartet dort am Ausfahrsignal. Blitzschnell taucht die Frage auf: Wohin will das Gespann, nach Winterberg oder nach Brilon Wald? Und, sitzen wir zufällig im richtigen Bus?

Das Signal wechselt auf Hp2. Was man erhofft, das glaubt man gern. Bedeutet die Zweiflügelstellung vielleicht Richtung Winterberg, gibt es dort am Bahnsteig mit uns ein weiteres Zusammentreffen? Mehr wagen wir im Moment nicht zu hoffen. Die Gleichförmigkeit einer oft wiederholten Busreise auf gut bekannter Straße ist plötzlich dahin, es wird interessant!

Am Bahnübergang hinter dem Bahnhof Bigge folgt die nächste Überraschung. Unser weit entschwunden geglaubter Schneepflug ist wieder da. Die notwendige Kreuzung mit dem verspäteten E 3682 aus Winterberg macht diese Situation möglich. Nun aber lassen wir gedanklich unseren Klima-Schneepflug mit der 212 285 als Schublok in Ruhe weiterfahren, unser Bahnbus mit seiner Umwegroute und den vielen Haltestellen hat jetzt keine weitere Chance des Ein- oder Überholens.

Dachten wir. Zirka zwanzig Minuten später kommt es zu einer unglaublich dritten Begegnung, und die hatte es in sich. Hinter Siedlinghausen taucht unser begehrter Zug wieder auf, diesmal aber in voller Aktion. Während der Räumfahrt werden durch den Klima-Schneepflug herrliche Schneefontänen erzeugt, für uns fast eine Art von „Ersatzromantik" für eine Dampflok.

Im Verlauf der Ortsdurchfahrt in Silbach geht für eine kurze Zeit der Blickkontakt verloren. Kühne Wünsche werden wach. Ein wahrer Glücksstreffer würde uns am folgenden Bahnübergang wieder zusammenführen. Ein- und aussteigende Fahrgäste, zuerst heimlich verwünscht, machen es möglich. Am roten Blinklicht des Übergangs wird unser Bus gestoppt.

Der freundliche Fahrer spielt mit. Die Tür wird geöffnet, der Sprung nach draußen landet ungewollt in einer hohen Schneeböschung. Aber die Zeit reicht, der Klima-Schneepflug mit der langen Nummer 80 80 973 5030-6 und der Diesellok 212 285 rollt in eine Schneewolke eingehüllt langsam am Bahnbus vorbei.

Inzwischen hat der „Zauber der Schiene" auch die übrigen Fahrgäste erfasst. Interessiert wird das winterliche Schauspiel verfolgt, und der Herr am Lenkrad sorgt unaufgefordert für das Finale bis Winterberg. Eine bewusst gesteuerte herrliche Parallelfahrt lässt diese werktägliche Busreise zu einem unvergesslichen Erlebnis werden. Dem unbekannten Fahrer dafür an dieser Stelle ein herzliches Dankeschön! Und zum Schluss: Winterberg wurde pünktlich erreicht!

Ludwig Rotthowe

Textnachweis

Henry Meseck: Jahreszeitenzug © Martha Meseck
Sarah Kirsch: Am liebsten fahre ich Eisenbahn, aus: Sarah Kirsch, Werke in fünf Bänden. Erster Band: Gedichte © 1999, Deutsche Verlags-Anstalt, München, in der Penguin Random House Verlagsgruppe GmbH
Peter Biqué: Einmal mit der Dampfbahn fahren © Alle Rechte beim Autor
Bruno Radowski: Es ging auf Weihnachten zu, aus: Bruno Radowski, Der Prellbock – Münchner Eisenbahnergeschichten aus der Zeit vor einem halben Jahrhundert, S. 79-88 © 1997, Verlagsanstalt Bayerland GmbH, Dachau
Peter Bichsel: Am Anfang war das Wort, Textauszug aus: Peter Bichsel, Kolumnen, Kolumnen, S. 725-727 © 2005 Suhrkamp Verlag, Frankfurt am Main 2005
Stefan Grabiński: Der irre Zug. Eine wunderliche Geschichte, in: Karl Dedecius, Polnische Prosa des 20. Jahrhunderts, aus dem Polnischen von Karl Dedecius © 1966/67 Carl Hanser Verlag GmbH & Co. KG, München
Ivan Gantschev: Der Weihnachtszug © minedition AG, Zürich. Alle Rechte vorbehalten
Yasunari Kawabata: Schneeland, aus: Yasunari Kawabata, Schneeland © 1969, Carl Hanser Verlag GmbH & Co. KG, München
Anni und Klaus Richter: Bergan ins Vogtland © Ramona Franke
Fahrt ins neue Jahr, aus: Unsere Eisenbahner erzählen, Gute Schriften, Basel/Bern 1939
Ludwig Rotthowe: Winterabenteuer Bahnbus, aus: Ludwig Rotthowe, Abenteuer Eisenbahn. Fotografien und Texte © 2018, CARGO Verlag Edgar Sommer, Schwülper

Bildnachweis

Eisenbahn-Illustration: © stock.adobe.com/vostal, S. 7: © stock.adobe.com/Oleg Totskyi, S.8/9: © stock.adobe.com/michelangeloop, S. 11: © stock.adobe.com/Juulijs, S. 13, 16: © stock.adobe.com/Fokke, S. 20: © stock.adobe.com/Markus Fischer, S. 27: © stock.adobe.com/1599685sv, S. 33: © stock.adobe.com/Wirestock S. 44/45: © stock.adobe.com/DZiegler, S. 51: © stock.